Comunicación digital y *networking* en internet. IFCT028PO

Héctor Mendal Escario

ic editorial

Comunicación digital y *networking* en internet. IFCT028PO
© Héctor Mendal Escario

1ª Edición

© IC Editorial, 2025

Editado por: IC Editorial
c/ Cueva de Viera, 2, Local 3
Centro Negocios CADI
29200 Antequera (Málaga)
Teléfono: 952 70 60 04
Fax: 952 84 55 03
Correo electrónico: iceditorial@iceditorial.com
Internet: www.iceditorial.com

ISBN: 978-84-1184-934-0
Depósito Legal: MA 1055-2025

Impresión: PODiPrint
Impreso en Andalucía – España

Nota de la editorial: IC Editorial pertenece a Innovación y Cualificación S. L.

Especialidad formativa

Se entiende por especialidad formativa la agrupación de contenidos, competencias profesionales y especificaciones técnicas que responde a un conjunto de actividades de trabajo enmarcadas en una fase del proceso de producción y con funciones afines.

Las especialidades formativas de Uso General, Formación Complementaria, Formación Modular y las especialidades formativas dirigidas a la obtención de certificados de profesionalidad se incluyen en el Fichero de Especialidades del Servicio Público de Empleo Estatal para su gestión en todo el territorio nacional por cualquier Administración competente.

Las especialidades complementarias, pertenecen todas a la Familia profesional de Formación Complementaria (FCO) y tienen la consideración de formación transversal en áreas que se consideran prioritarias tanto en el marco de la Estrategia Europea para el Empleo y del Sistema Nacional de Empleo como en las directrices establecidas por la Unión Europea. Se consideran áreas prioritarias las relativas a tecnologías de la información y la comunicación, la prevención de riesgos laborales, la sensibilización en medio ambiente, la promoción de la igualdad, la orientación profesional y aquellas otras que se establezcan por la Administración competente.

Las especialidades de Certificado de profesionalidad tienen una duración especificada en su normativa reguladora.

En el resultado de la búsqueda, se muestran las unidades de competencia, todos los módulos formativos con su duración y las unidades formativas del certificado correspondiente, con su duración. Las horas del certificado, exclusivo de las especialidades de certificado de profesionalidad, con alta igual o superior a 2008, son las horas totales más las horas del módulo de Prácticas Profesionales no Laborales.

➲ **Si la especialidad tiene unidades formativas,** las horas totales, presencial, distancia, teleformación serán igual a la suma de esas horas de las unidades formativas de los distintos módulos, sin que se repita ninguna Unidad formativa.

➲ **Si la especialidad no tiene unidades formativas,** las horas totales, presencial, distancia, teleformación serán igual a las sumas de esas horas de los módulos formativos, eliminando las horas de los módulos repetidos.

https://sede.sepe.gob.es/especialidadesformativas/RXBuscadorEFRED/BusquedaEspecialidades.do

(Fuente: Servicio Público de Empleo Estatal)

Índice

OBJETIVOS GENERALES

Los objetivos generales del **IFCT028PO. Comunicación digital y *net-working* en internet,** son:

- ⊃ Utilizar las herramientas digitales en el ámbito profesional.
- ⊃ Conocer los fundamentos básicos de la comunicación en internet y cómo pueden las empresas aprovechar este canal de comunicación.
- ⊃ Comprender las principales diferencias entre el trabajo en internet y el trabajo en la oficina, sus ventajas e inconvenientes.
- ⊃ Conocer las características de las principales herramientas que pueden utilizar las empresas para mejorar su trabajo en red.
- ⊃ Aprender conceptos básicos y conocer las principales herramientas de trabajo colaborativo en la red.
- ⊃ Asimilar la importancia de mantener una identidad y personalidad digital brillantes.
- ⊃ Conocer las principales herramientas de comunicación y *net-working* existentes en el mercado y cómo aplicarlas en el mundo laboral.

Comunicación en internet

Contenido

Objetivos

El objetivo general de esta Unidad de Aprendizaje es:

→ Conocer los fundamentos básicos de la comunicación en internet y cómo pueden las empresas aprovechar este canal de comunicación.

Los objetivos específicos de esta Unidad de Aprendizaje son:

→ Decidir qué tipo de relación, personal o en internet, es más apropiada para el trato con los clientes de una pequeña empresa.

→ Indicar para qué puede utilizar la comunicación por internet una empresa de tamaño medio.

1. Introducción

Desde hace más de tres décadas internet ha revolucionado el mundo de la comunicación. Desde su expansión y popularización a mediados de la década de 1990, las empresas han ido haciendo uso de internet como **vía de comunicación externa** –con sus clientes actuales o potenciales, sociedad en general, etc.– **e interna** –con sus trabajadores, socios, etc.–.

Internet ha supuesto también un gran cambio en la forma de comunicar de las empresas. Las **redes sociales,** vehículo habitual de comunicación para muchas empresas independientemente de su tamaño, son una ventana al mundo exterior que las empresas deben saber utilizar convenientemente. Gracias a ellas es posible establecer vínculos de confianza con los clientes actuales o potenciales, y comunicar mejor el día a día y las novedades de cualquier empresa.

Por otra parte, el uso de internet como herramienta de comunicación también tiene sus riesgos. Al tratarse de una comunicación realizada por vías telemáticas –correo electrónico, redes sociales, webs...–, se corre el riesgo de que no se transmitan adecuadamente los valores de la empresa, ya que aspectos como el tono de voz o el lenguaje corporal quedan circunscriptos a la comunicación por medios audiovisuales.

En esta unidad aprenderemos conceptos básicos de **comunicación en internet,** haciendo hincapié en sus ventajas e inconvenientes, en los usos y en algunas herramientas que las empresas pueden utilizar.

Nos basaremos, para todo ello, en el caso de Electrodomésticos Sánchez, una tienda de electrodomésticos de un barrio de Madrid. María, su dueña, quiere utilizar internet para comunicar mejor las novedades de su tienda.

2. Relaciones y comunicación en internet versus relaciones y comunicaciones personales

 HILO CONDUCTOR

María desconoce bastantes aspectos de la comunicación en internet. Tanto es así que no tiene redes sociales ni le suele gustar enviar muchos mensajes

Continúa en página siguiente >>

[11]

<< Viene de página anterior

de telefonía móvil a sus parientes o amigos. Sin embargo, cree que el uso de internet como herramienta de comunicación puede ser beneficioso para su empresa. No obstante, se pregunta qué diferencias habrá entre las relaciones y la comunicación en internet y las relaciones y las comunicaciones personales.

https://redirectoronline.com/ifct028po0101

Internet, en general, y las redes sociales –*Facebook, X e Instagram* principalmente– han marcado un punto de inflexión en las **relaciones interpersonales** del siglo XXI. El uso masivo de las nuevas tecnologías de la información y herramientas como, por ejemplo, *WhatsApp* han modificado hábitos y conductas en la manera que tenemos las personas de relacionarnos entre nosotras. Esto tiene ventajas e inconvenientes.

Desde siempre, los seres humanos hemos necesitado socializarnos. Somos animales sociales. Necesitamos interactuar con otras personas para encontrar cierto bienestar. Esto es algo que el uso de internet como medio de comunicación para relacionarse ha puesto de manifiesto en todo el planeta.

A continuación, veremos las principales **ventajas** de la comunicación a través de internet:

> **Una comunicación sin barreras**
> - Internet permite a muchas personas poder comunicarse y expresarse, independientemente de dónde se encuentren físicamente. Además, permite a las empresas interactuar con sus clientes actuales o potenciales. Facilita, asimismo, el intercambio de opiniones.

Continúa en página siguiente >>

<< Viene de página anterior

Inmediatez
- A través de internet, especialmente de las redes sociales o de aplicaciones de telefonía móvil como *WhatsApp*, la comunicación se hace de manera inmediata. Anteriormente existían únicamente las cartas en papel o las llamadas de teléfono, pero ahora las personas pueden estar permanentemente interconectadas.

Detección de audiencias
- Internet facilita a las empresas la detección de audiencias con gustos o intereses similares a los productos o servicios que ofrecen. En consecuencia, facilita la captación de clientes potenciales.

Además, la comunicación a través de internet también tiene ciertos **inconvenientes** que las empresas deben conocer. A continuación, explicaremos cuáles son los principales:

- **Deshumanización:** existe el peligro de deshumanizar las relaciones interpersonales, ya que el contacto, el lenguaje corporal, la mirada, el tono de voz, el tacto e incluso el olor que puede sentirse en una comunicación personal no puede transmitirse en una comunicación en internet.
- **Difícil gestión del tiempo:** en ocasiones, las empresas pueden tener dificultades para gestionar el tiempo que dedican a comunicarse con sus clientes, proveedores o potenciales clientes a través de internet. Además, las personas pueden desarrollar cierta adicción a las redes sociales o al teléfono móvil si dedican demasiado tiempo a utilizar estas herramientas para comunicarse. Esto puede hacer que el rendimiento y los procesos laborales se resientan.
- **Situaciones incómodas:** a veces pueden darse situaciones incómodas, como por ejemplo que en un ambiente laboral haya empleados que estén constantemente mirando el teléfono móvil, respondiendo a notificaciones en aplicaciones de mensajería o en las redes sociales.
- **Peligra la privacidad:** es posible que se pierda la privacidad de las conversaciones o de los datos transferidos mediante la comunicación a través de internet. Esto puede deberse tanto a ataques por parte de piratas informáticos como a fallos de seguridad de las aplicaciones o herramientas que se utilicen.

A través de las redes sociales y la telefonía móvil, las empresas pueden conectarse fácilmente con sus clientes.

 IMPORTANTE

Las redes sociales facilitan la comunicación entre personas y son una buena herramienta para potenciar el *marketing* y la comunicación de las empresas. Sin embargo, también pueden alterar esta comunicación, ya que una relación que se base principalmente en las redes sociales puede llegar a ocasionar déficits sociales y emocionales.

- -

La comunicación a través de internet ofrece a las empresas la oportunidad de que no sea necesario que sus trabajadores acudan a las instalaciones de la empresa para trabajar. Con una conexión a internet pueden hacerlo desde cualquier parte del mundo.

Además de eso, las **comunicaciones por internet** permiten, por ejemplo, que las empresas puedan mantener reuniones o videoconferencias con equipos o personas que están en diferentes ciudades, e incluso en diferentes continentes. Incluso es posible que los intervinientes de estas reuniones puedan intercambiar entre ellos el contenido que están viendo en las pantallas de los diversos dispositivos (ordenadores, teléfonos, *tablets*...) que estén utilizando.

Por otra parte, también es posible asistir de modo remoto a eventos o conferencias de ámbito laboral, y tener reuniones con clientes, proveedores, etc. Sin duda, todo esto es una gran ventaja para las empresas.

NOTA

Según un informe de *Kaspersky Lab*, multinacional de la seguridad cibernética, el 21 % de los padres de familia admite que las relaciones con sus hijos han empeorado a causa del contenido que sus hijos comparten en las redes sociales. Además, los usuarios de redes sociales admiten que se comunican menos de forma presencial con sus padres (31 %), hijos (33 %), parejas (23 %) y amigos (35 %).

Como decíamos anteriormente, el ser humano es un ser social. Realmente, siempre ha habido redes sociales, basándose en la amistad, el parentesco, el trabajo, aficiones comunes, etc. Así era cómo las personas construían sus círculos sociales antes de la aparición de internet.

La diferencia principal entre estas redes sociales tradicionales y las actuales, es decir, las que se llevan a cabo a través de internet, es **la inmediatez y la virtualización** que aportan las nuevas tecnologías de la información. Además, al tratarse de canales de comunicación bidireccionales, los intervinientes pueden ser tanto emisores como receptores de la información.

SABÍAS QUE...

Para 2030 se estima que habrá más de 7.500 millones de usuarios de internet en todo el planeta.

ACTIVIDAD COMPLEMENTARIA

1. Investiga acerca del uso que hacen las personas de tu entorno de las redes sociales: familia, amigos, compañeros de trabajo… Obsérvalos cuando están utilizándolas. ¿Qué has detectado?

Aunque las nuevas tecnologías de la comunicación influyen cada día más en la vida diaria de las personas, es complicado que se pueda crear una relación profunda exclusivamente a través de internet, ya sea con otras personas o incluso con una empresa. Una comunicación llevada a cabo exclusivamente a través de internet nunca podrá desembocar en el esfuerzo, el compromiso o la responsabilidad de una relación con vínculos emocionales en la vida real.

En definitiva, las nuevas tecnologías de la información permiten a las empresas tener facilidades de comunicación, pero pueden alterar la naturaleza y la esencia de las relaciones. Una comunicación basada exclusivamente en internet puede ocasionar déficits sociales, laborales y emocionales.

 SABÍAS QUE...

En la década de 1990, aproximadamente el 80 % del contenido que podía encontrarse en internet estaba escrito en inglés. Sin embargo, actualmente el 82 % de este contenido se encuentra en 10 idiomas diferentes, siendo el inglés, el chino y el castellano los idiomas predominantes.

 TAREA 1

Eduardo tiene una frutería ecológica en un barrio de Sevilla. Su negocio tiene una página web y una página de *Facebook*. Pero se trata de una tienda eminentemente familiar, con trato cercano a los clientes. Eduardo no tiene claro si debe basar su relación con los clientes en internet o en el cara a cara con ellos. Explica detalladamente qué le recomendarías y por qué.

3. Usos de la comunicación y herramientas adecuadas en internet

👉 **HILO CONDUCTOR**

María ya conoce más aspectos de la comunicación en internet y cómo puede utilizar este canal de comunicación para su negocio. Ahora quiere saber más cosas acerca de los usos de la comunicación en internet y qué herramientas puede utilizar para potenciar la comunicación de su negocio.

https://redirectoronline.com/ifct028po0102

En siglo XXI internet es la principal vía de comunicación. Las nuevas tecnologías de la información brindan a las empresas diversas opciones para comunicarse interna y externamente.

A continuación, se explican los principales usos y herramientas de la comunicación en internet que pueden aprovechar las empresas para su día a día:

- **Videollamadas:** se trata de un tipo de llamada que combina la voz con la imagen. Gracias a las videollamadas las empresas pueden tener reuniones de trabajo con clientes, proveedores o miembros de su propio equipo sin necesidad de estar físicamente con ellos. Algunas de las herramientas más utilizadas por las empresas para realizar videoconferencias son *Microsoft Teams, Google Meet, Viber* o *Zoom*.
- **Webs o *blogs*:** las webs o *blogs* corporativos son una de las principales herramientas de comunicación que tienen las empresas. A través de una web o *blog* corporativo las empresas pueden hablar de sí mismas (productos, servicios, novedades) o del sector empresarial en el que operan. Es una de las mejores vías para posicionar adecuadamente a una empresa en la mente del consumidor como experta en un ámbito concreto.

- ⮑ **Mensajería instantánea:** es muy sencillo estar en contacto con miembros de la empresa, clientes, proveedores... en cualquier momento sin necesidad de realizar ninguna llamada. Los mensajes de texto son una forma sencilla y directa de comunicación. Su utilización puede ir desde mandar un mensaje muy importante hasta tener una conversación de varias horas. Algunas de las aplicaciones más utilizadas por las empresas para llevar a cabo esta acción son *WhatsApp, Telegram* o *Messenger* de Meta.

- ⮑ **Redes sociales:** las principales redes sociales que suelen utilizar las empresas en la actualidad son *Facebook, X, Instagram* y *LinkedIn,* que es una red social especializada en *networking* que trataremos en profundidad más adelante en este mismo curso. Todas ellas les permiten crear y compartir contenido con otros usuarios. Se trata de una de las mejores formas de estar en contacto con los clientes actuales o futuros.

- ⮑ **Vídeo:** Las empresas también pueden hacer uso de internet para realizar retransmisiones de eventos en directo, tales como presentaciones de productos, webinars, conferencias, etc. Se trata de uno de los contenidos más consumidos por los usuarios en la actualidad, especialmente en las redes sociales. Algunas herramientas para retransmitir en vivo son *YouTube* o *Twitch,* mientras que para editar vídeo las empresas pueden utilizar *Adobe Premiere, ClipChamp* u *OpenShot.*

- ⮑ **Fotografía:** otro de los principales usos de internet para las empresas es la posibilidad de difundir imágenes comerciales o informativas de su negocio. De esta manera es más sencillo "humanizar" las marcas en internet, mostrando a los profesionales de la empresa. También se trata de recursos muy adecuados para captar clientes. Algunas herramientas adecuadas para editar imágenes de modo profesional son *Adobe Photoshop* o *Canva.*

- ⮑ ***E-mail:*** las empresas también pueden utilizar el correo electrónico para comunicarse con sus clientes, con personas interesadas en sus productos o servicios, con los proveedores o como herramienta de comunicación entre los propios trabajadores de la empresa.

 SABÍAS QUE...

WhatsApp tiene una aplicación especialmente diseñada para pequeñas empresas, llamada *WhatsApp Business,* que permite a las empresas crear mensajes de bienvenida cuando un usuario les escribe por primera vez, formular respuestas rápidas, tener acceso a estadísticas y categorizar a los clientes con etiquetas.

En un futuro no demasiado lejano la gran mayoría de las empresas centrarán sus objetivos de comunicación y *marketing* en el denominado **internet de las cosas**. Se calcula que ya hay más de 50 millones de "cosas" –coches, electrodomésticos, ropa, etc.– conectadas a internet.

 DEFINICIÓN

Internet de las cosas
Este término se refiere a la interconexión de objetos que utilizamos en el día a día con internet.

Actualmente, a través de la domótica, es posible controlar desde un ordenador, y gracias a una conexión a internet, múltiples funciones de un hogar: luces, electrodomésticos, calefacción, etc.

 **APLICACIÓN PRÁCTICA**

Marcos es el propietario de una gestoría *online*. Quiere potenciar la comunicación de su negocio, dando una imagen cercana y afable, intentando así captar nuevos clientes que no estén muy acostumbrados a trabajar con gestorías, especialmente propietarios de pequeñas empresas, de empresas familiares y autónomos. Para ello, Marcos ha comenzado una campaña de envío de *e-mails* a potenciales clientes. ¿Es correcto el uso de la comunicación en internet que está efectuando Marcos?

Continúa en página siguiente >>

<< Viene de página anterior

Solución

Aunque a través del correo electrónico se puede dar una imagen cercana y afable, en este caso puede ser una estrategia demasiado fría. Lo ideal para conseguir el objetivo de Marcos es utilizar las redes sociales, lo que le permitirá estar en contacto de una forma más continua y fluida con el público objetivo al que se dirige.

 TAREA 2

Cristina es la propietaria de una empresa de *catering* vegano que opera en la Comunidad de Madrid. Tiene varios repartidores, proveedores y tres tiendas físicas en las que también vende sus productos. ¿Cómo podría aprovechar la comunicación por internet para mejorar su negocio?

---

4. Conclusiones

 HILO CONDUCTOR

María tiene bastante confusión acerca de la comunicación en internet y de la forma de utilizarla para su empresa. Así que, antes de lanzarse a la aventura, prefiere meditar un poco más sobre la comunicación en internet.

https://redirectoronline.com/ifct028po0103

Sin lugar a dudas, internet ha facilitado la comunicación en el ámbito empresarial. Sin esta herramienta las pequeñas y medianas empresas tendrían más complicado captar nuevos clientes, más allá de su ámbito de actuación en su barrio, pueblo o ciudad.

A través de las nuevas tecnologías de la comunicación, y de los dispositivos que utilizan los usuarios para acceder a ellas, las empresas pueden establecer una **relación más estrecha con sus clientes** o con las personas interesadas en sus productos o servicios.

Sin embargo, estos avances también tienen su lado oscuro. Por ejemplo, han aparecido nuevas patologías, como la adicción al teléfono móvil o a las redes sociales, lo que puede llegar a afectar incluso al rendimiento laboral de los trabajadores de una empresa.

 ACTIVIDAD COMPLEMENTARIA

2. Investiga en internet acerca de las patologías que, en el ámbito laboral, pueden crearse con el uso excesivo de la telefonía móvil o las redes sociales. ¿Cuáles son las principales enfermedades que has podido detectar?

5. Resumen

Internet ha abierto un nuevo mundo de posibilidades para potenciar la comunicación de las empresas. Las empresas tienen múltiples herramientas y canales de comunicación a su disposición para potenciar su comunicación a través de internet.

Estas son las principales:

Videollamadas   Webs o *blogs*   Mensajería instantánea

Continúa en página siguiente >>

<< Viene de página anterior

La comunicación en internet tiene, para las empresas, muchas ventajas. Fundamentalmente, este canal de comunicación permite a las empresas estar en contacto de modo casi permanente con sus clientes actuales o futuros.

Estas son las principales ventajas de la comunicación en internet para las empresas:

- ◓ Detección de audiencias
- ◓ Una comunicación sin barreras
- ◓ Inmediatez

Por otra parte, el excesivo uso de internet en la comunicación empresarial, dejando de lado otras vías como la comunicación interpersonal, conlleva algunos inconvenientes que las empresas deben tener en cuenta y atajar lo más rápidamente posible en el caso de ser detectados.

Estos son los principales:

Ejercicios de autoevaluación
Unidad de Aprendizaje 1

1. **¿Cuáles son las principales ventajas de la comunicación a través de internet?**

   a. Una comunicación sin barreras, inmediatez y detección de audiencias.
   b. Poder hablar con los clientes cara a cara.
   c. Tener una comunicación sin barreras.
   d. La facilidad para compartir contenidos en las redes sociales.

2. **¿Cuáles son los grandes inconvenientes de la comunicación a través de internet?**

   a. La posibilidad de sufrir enfermedades, como el síndrome de *Google*.
   b. Deshumanización, difícil gestión del tiempo, situaciones incómodas y peligra la privacidad.
   c. La deshumanización y la posibilidad de sufrir adicciones a las redes sociales.
   d. La difícil gestión del tiempo y los agujeros de seguridad en las comunicaciones.

3. **¿En qué se basan las redes sociales tradicionales?**

   a. No existen redes sociales tradicionales.
   b. En la amistad, el parentesco, el trabajo o aficiones comunes.
   c. En el dinero.
   d. En la amistad y medios de comunicación como el teléfono fijo.

4. **¿Cuál es la principal diferencia entre las redes sociales tradicionales y las que se llevan a cabo a través de internet?**

   a. La inmediatez y la virtualización que aportan las nuevas tecnologías de la información.
   b. El uso de la tecnología.
   c. La virtualización y el uso de la tecnología.
   d. La inmediatez y el uso de la telefonía móvil como vehículo de comunicación.

5. Indica si la siguiente afirmación es verdadera o falsa: En líneas generales, es complicado que se pueda crear una relación profunda exclusivamente a través de internet.

- ■ Verdadero
- ■ Falso

6. ¿Qué puede ocasionar una comunicación basada exclusivamente en internet?

a. Déficits sociales, laborales y emocionales.
b. Falta de comprensión por parte de los potenciales clientes de una empresa.
c. Adicción a la telefonía móvil.
d. Déficits emocionales y adicción a las redes sociales.

7. ¿Cuál es la principal vía de comunicación en la actualidad?

a. Internet
b. La telefonía móvil
c. La telefonía
d. Las redes sociales

8. ¿Qué entendemos por internet de las cosas?

a. Este término se refiere a la interconexión de objetos que utilizamos en el día a día con internet.
b. Este término se refiere al universo de internet, en general.
c. Este término hace referencia a las relaciones que se crean entre las personas y los objetos a través de internet.
d. Es una estrategia que sirve para realizar la gestión de redes sociales y de estrategias de comunicación empresariales.

9. ¿Qué pueden conseguir las empresas a través de las nuevas tecnologías de la comunicación y de los dispositivos que utilizan los usuarios para acceder a ellas?

a. Pueden establecer una relación más estrecha con sus clientes o con las personas interesadas en sus productos o servicios.
b. Pueden conseguir más seguidores en las redes sociales.

c. Aumentar sus ventas.

d. Mejorar su imagen de marca.

10. ¿Qué es y qué permite hacer *WhatsApp Business?*

a. Una aplicación que permite gestionar facturas a través de *WhatsApp*.

b. Es la versión de *WhatsApp* para empresas. Permite crear mensajes de bienvenida cuando un usuario les escribe por primera vez, formular respuestas rápidas, tener acceso a estadísticas, categorizar a los clientes con etiquetas.

c. Es una aplicación especialmente diseñada para hacer *networking* a través de *WhatsApp*.

d. Una red social especialmente diseñada para hacer *networking* entre empresas.

Trabajo en internet versus trabajo en la oficina

Contenido

Objetivos

El objetivo general de esta Unidad de Aprendizaje es:

→ Comprender las principales diferencias entre el trabajo en internet y el trabajo en la oficina, sus ventajas e inconvenientes.

Los objetivos específicos de esta Unidad de Aprendizaje son:

→ Indicar qué sistemas de intercambio de información puede utilizar una empresa de tamaño medio.

→ Identificar los principales objetivos de comunicación que debe cubrir una empresa.

→ Determinar las principales ventajas e inconvenientes que puede encontrarse una pequeña empresa a la hora de trabajar en red.

1. Introducción

Internet ha cambiado para siempre el modo de comunicar que tienen las empresas, tanto de cara al exterior –clientes y público en general– como hacia el interior –trabajadores, directivos, proveedores, etc.–. Por ello, conocer los principales canales y usos de la comunicación en la era digital es fundamental para las empresas.

Ahora, las empresas pueden aprovechar la red para potenciar el trabajo en equipo y su imagen de cara al exterior, entre otros muchos factores. En esta unidad veremos los diversos **canales de comunicación** que es preciso conocer, tales como el correo electrónico, nubes de información, webs de intercambio de archivos, redes *P2P*..., que pueden ayudar a las empresas a comunicar mejor y potenciar su trabajo.

En esta unidad veremos, además, cómo las empresas pueden utilizar internet para conseguir sus objetivos de comunicación y mejorar su cuenta de resultados.

Nos basaremos, para todo ello, en el caso de Electrodomésticos Sánchez, una pequeña empresa madrileña que está teniendo un intenso debate interno acerca de las ventajas e inconvenientes de trabajar en internet o en el espacio físico del negocio.

2. La comunicación e intercambio de información

 **HILO CONDUCTOR**

María cree que internet puede ayudar a Electrodomésticos Sánchez a comunicar mejor y crecer. Pero, ¿cómo llevar a cabo una buena comunicación y un intercambio de información acordes a las necesidades de un negocio del siglo XXI?

Continúa en página siguiente >>

<< Viene de página anterior

https://redirectoronline.com/ifct028po0202

En las últimas décadas, el uso de internet se ha generalizado en todo el planeta. Ahora es ya el medio de comunicación más utilizado del mundo. De hecho, más del 67 % de la población mundial, según el estudio anual de We Are Social, ya tiene acceso a internet.

La revolución tecnológica del siglo XXI, aplicada a la comunicación, ha permitido construir una red mundial de ordenadores, teléfonos móviles, *tablets* y otros dispositivos conectados a internet. Dispositivos, todos ellos, capaces de **intercambiar información entre sí.**

Actualmente, todas las empresas pueden acceder a internet y ofrecer su propia información en la red las 24 horas del día: productos, servicios, documentos, *software,* textos, sonido, imágenes, vídeos, etc. Esta información puede ser recibida por el público en general –clientes actuales y potenciales de la empresa– o por aquellas personas que están relacionadas con la empresa –trabajadores, directivos, proveedores, etc.–.

Internet permite a las empresas establecer una comunicación integral con sus clientes, proveedores o trabajadores de una manera permanente.

Hoy día estamos constantemente intercambiando información entre nosotros. Ya sea en el ámbito personal o laboral, **el flujo de información es continuo:** llamadas de teléfono, envío y recepción de *e-mails*, utilización de herramientas de mensajería instantánea, redes sociales, hablar en persona con compañeros de trabajo, familiares, amigos, conocidos, etc.

En el ámbito laboral el intercambio de información es constante. En muchas ocasiones es necesario enviarle archivos a un compañero, a una jefa, a un cliente, a un proveedor... En ocasiones podremos hacer esto introduciendo el archivo en una memoria USB, pero muchas veces será necesario enviar esa información a través de internet.

 **DEFINICIÓN**

Memoria USB
Dispositivo informático de almacenamiento de datos que sirve para intercambiar archivos entre varios dispositivos: teléfonos móviles, ordenadores, *tablets*, etc.

A continuación, veremos los principales métodos de intercambio de información usando la red para ello de una manera privada:

- **Correo electrónico:** es el medio más habitual para enviar información, ya sea mediante servicios de correo electrónico externos, como *Gmail o Yahoo!,* o a través de servidores de correo electrónico específicos para empresas. En los correos electrónicos se pueden adjuntar numerosos archivos, siempre y cuando no pesen demasiado, ya que la mayor parte de los servicios de este tipo no permiten realizar envíos que superen los 25 MB.
- **Intercambio de archivos en la nube:** existen servicios de almacenamiento de archivos en internet o en la nube que son gratuitos y sencillos de utilizar. Los principales son *Dropbox, Google Drive y OneDrive.* Para compartir los archivos almacenados en ellos, basta con generar un enlace a la carpeta en la que se hayan insertado y enviárselos a quienes deban recibirlos. Quien lo reciba únicamente deberá hacer clic en ese enlace y accederá al contenido.
- **Webs de intercambio:** existen páginas web que permiten compartir archivos rápidamente con varios usuarios. Estas webs funcionan como auténticos trasteros virtuales de modo temporal. El sistema utilizado es similar al de los servicios de intercambio de archivos en la nube: el usua-

rio que quiere compartir la información la sube a la web y se genera un enlace a través del cual se puede descargar.

La mayor parte de los archivos subidos a estas webs suelen eliminarse en un plazo de tiempo breve, habitualmente a las 24 horas de haberlo colgado. Un ejemplo de este tipo de webs es *WeTransfer,* que permite enviar hasta 2 GB de información en su versión gratuita, con un almacenaje máximo de una semana.

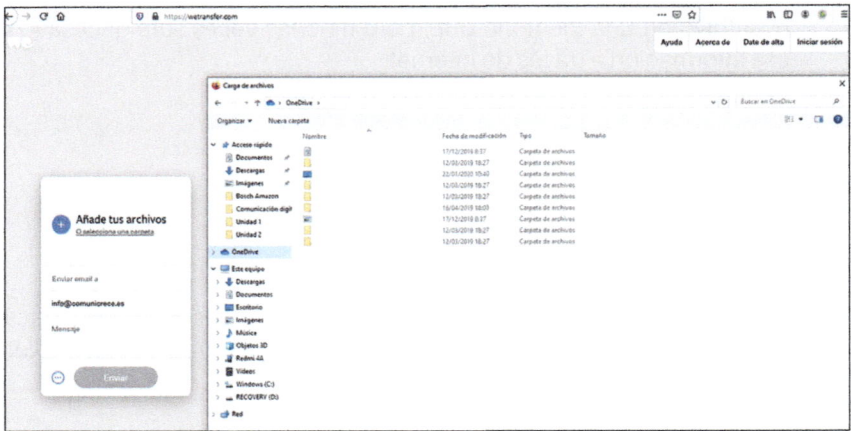

Parte del proceso de envío de archivos a través de WeTransfer

- **P2P privado:** hay programas que permiten a los usuarios realizar una conexión directa con otros usuarios en internet. Funcionan como un programa de descargas, con la diferencia de que el usuario es el que elige las personas con las que va a compartir la información. Únicamente es preciso instalar un *software* específico, añadir a los usuarios con los que se quiere intercambiar la información y seleccionar la información que quiere compartirse. Un ejemplo de este tipo de programa es *GigaTribe.*
- **FTP:** hasta 2010, aproximadamente, era uno de los sistemas de intercambio de información más utilizados. Ahora se sigue utilizando, pero cada vez menos. Consiste en subir archivos dentro de un servidor, donde la información se estructura en forma de carpetas como en cualquier disco duro. Uno de los programas más conocidos para utilizar este sistema es *FileZilla.*

 **VÍDEO**

Te animamos a ver el siguiente vídeo, con el que aprenderás a subir y compartir archivos en *Dropbox,* una de las herramientas de intercambio de archivos en la nube más utilizadas:

https://redirectoronline.com/ifct028po0201

 TAREA 3

Vicente tiene una distribuidora de productos lácteos en Euskadi. Tiene contacto directo con 5 ganaderías locales que le sirven la leche, y tiene 2 plantas de producción con diversos departamentos: producción, análisis de producto, *marketing,* ventas, etc. En base a estos datos, ¿qué sistemas de intercambio de información debería utilizar la empresa de Vicente? Explica detalladamente por qué.

3. Mismos objetivos, distintos medios

 **HILO CONDUCTOR**

María cree que está comenzando a darse cuenta de que el trabajo en la oficina y el trabajo en internet tienen los mismos objetivos pero distintos medios. ¿Estará en lo cierto?

Continúa en página siguiente >>

<< Viene de página anterior

https://redirectoronline.com/ifct028po0203

Realmente internet solo es un canal más a través del cual las empresas pueden conseguir sus objetivos. Se trata de una herramienta muy potente a la cual las empresas pueden asociarle objetivos comerciales claros: captar la atención de los usuarios, despertar su interés, seducirlos para que hagan algunas acciones concretas, etc. En el ámbito organizacional, también es una buena herramienta para **mejorar los flujos de comunicación** dentro de las empresas.

Centrándonos en los objetivos de *marketing* y ventas, internet es una herramienta muy adecuada para conseguir objetivos como los siguientes:

Continúa en página siguiente >>

[34]

<< Viene de página anterior

Obtener *feedback* de los clientes

Conocer mejor al cliente

Reforzar la imagen de marca

Adaptar el mensaje al público objetivo

Conocer la rentabiliad de las acciones de *marketing*

 **TAREA 4**

Elena tiene una tienda *online* de moda vegana. Únicamente tiene una tienda *online*, es decir, no tiene redes sociales, ni blog, ni realiza acciones de *e-mail marketing*. En base a estos datos, ¿qué objetivos de comunicación debería cubrir?

La **imagen digital** de una empresa únicamente debe ser una extensión de la misma. Es recomendable, e incluso necesario, **hablar con la misma voz** en la página web, en las redes sociales, por correo electrónico, por *e-mail*, por teléfono y en el establecimiento físico, especialmente si este tiene venta de cara al público. Una nota discordante en alguno de estos canales puede hacer que la imagen de marca se desvirtúe a nivel global.

A través de la comunicación en internet se debe seleccionar la estrategia del **plan de posicionamiento y comunicación *online*.** En función de lo que la empresa desee conseguir, establecerá unos u otros objetivos. Lo más habitual es que las empresas se planteen mejorar su reconocimiento de marca, captar nuevos clientes, fidelizarlos, conseguir más ventas y aumentar su cuota de mercado. Es decir, exactamente los mismos objetivos que se plantearían para su negocio físico.

Todas las acciones de comunicación que realice una empresa pueden enfocarse hacia objetivos concretos: venta, captación de leads, conseguir llamadas telefónicas, etc.

 ## APLICACIÓN PRÁCTICA

Eduardo es el propietario de un restaurante que tiene página web y redes sociales. En las redes sociales da una imagen de restaurante serio y familiar, algo que también se refleja en su página web, en el trato con los proveedores y con la mayor parte de los clientes, así como en la atención telefónica. Además, envía a sus clientes, regularmente, un boletín electrónico con varios colores y anécdotas del restaurante.

¿Es correcta la estrategia que está siguiendo?

Solución

Aunque a través del correo electrónico se puede dar una imagen cercana y afable, en este caso la estrategia utilizada es demasiado atrevida teniendo en cuenta el tipo de negocio que regenta Marcos.

 ## ACTIVIDAD COMPLEMENTARIA

3. Localiza en las redes sociales cuatro comercios de tu barrio o de tu ciudad que conozcas bien. ¿Crees que reflejan fielmente la imagen del negocio físico?

4. Diferencias de los procesos en una oficina y en internet

HILO CONDUCTOR

María considera que podría ser una buena opción que Electrodomésticos Sánchez comenzase a utilizar la red para trabajar. Sin embargo, ¿qué ventajas o inconvenientes puede encontrarse en el día a día?

https://redirectoronline.com/ifct028po0204

Dentro de una empresa la buena comunicación **agiliza todos los procesos laborales.** Permite informar adecuadamente a los trabajadores y directivos acerca de las ideas, misión, valores y objetivos de una empresa, abriendo canales adecuados para que las ideas, proyectos y novedades fluyan de arriba hacia abajo y de abajo hacia arriba de la organización.

Una comunicación adecuada en el ámbito laboral evita malentendidos en el seno de una empresa, permitiendo que todos los elementos que la componen funcionen como una maquinaria perfectamente engrasada.

 SABÍAS QUE...

Las empresas que son capaces de conseguir una comunicación abierta y transparente minimizan los posibles errores.

No obstante, las empresas pueden **mejorar sus procesos de comunicación** a través de internet. Por ejemplo, pueden sustituir algunas reuniones por el envío de correos electrónicos o el uso de programas para realizar videoconferencias.

El **envío de información,** como hemos comentado anteriormente, también es otra de las grandes diferencias entre los procesos en una oficina y en internet. Si no existiese internet y quisiésemos enviar un archivo grande a alguien que estuviese fuera de nuestra oficina, deberíamos entregárselo físicamente grabando el archivo en una unidad de memoria USB, perdiendo así mucho tiempo para efectuar la entrega, ya que habría que ir al encuentro del destinatario y, luego, volver a la oficina.

 **DEFINICIÓN**

Videoconferencia
Comunicación bidireccional simultánea de audio y vídeo entre dos o más personas.

---

5. El trabajo en red, ventajas e inconvenientes, usos y limitaciones

 HILO CONDUCTOR

María ya ha comprendido bastante bien qué diferencias hay entre el trabajo en la oficina y el trabajo en internet. ¿Habrá conseguido comprender bien todos los aspectos?

https://redirectoronline.com/ifct028po0205

El trabajo en red es muy útil para mejorar los resultados de las empresas, aunque este también tiene sus ventajas e inconvenientes.

A través del trabajo en red se pueden enviar archivos a otros usuarios, independientemente del lugar geográfico en el que se encuentren, o mantener reuniones o videoconferencias entre varios equipos dispuestos en diversos lugares.

Además, también existen **herramientas de trabajo colaborativo** especialmente diseñadas para trabajar en equipo a través de internet. Las más utilizadas son *Trello, Notion, Slack* y *Clickup*. Permiten crear fácilmente grupos de trabajo, editar archivos y procesos, crear flujos de trabajo, etc.

A continuación, explicaremos las principales **ventajas** de trabajar en red:

Hacer reuniones virtuales

- Al trabajar en línea con otros trabajadores, las empresas pueden eliminar la necesidad de establecer reuniones físicas. De esta forma, las empresas con diversas sedes pueden comunicarse mejor de manera interna, a través de videoconferencias.

Trabajo de manera simultánea

- Algunas herramientas de trabajo en red permiten a los trabajadores intervenir de modo simultáneo en el mismo proyecto, lo que mejora la eficacia de los equipos.

Mejora el reparto de tareas

- Es posible repartir las tareas de un modo más justo, ya que se pueden comprobar al instante los avances realizados por cada trabajador.

Compartir contenido con varias personas

- Los trabajadores pueden compartir contenido con varias personas a la vez, siendo innecesario enviarlo a varios destinatarios por separado. Esto agiliza los flujos de información.

Ahorro de costes

- Al reducir el tiempo de desplazamientos se ahorra tiempo, dinero y energía.

Continúa en página siguiente >>

<< *Viene de página anterior*

Libertad horaria

- Trabajar a través de internet permitirá a los trabajadores incluso elegir sus propios horarios laborales, ya que no siempre es necesario estar presente físicamente en la oficina para realizar las tareas asignadas.

Facilidad de comunicación

- La mayor parte de las herramientas que se utilizan para trabajar en red disponen de un chat, por lo que es más fácil hablar sobre las tareas que se están realizando.

Por otra parte, el trabajo en red también tiene sus partes negativas. A continuación, veremos las principales **desventajas** de esta manera de trabajar:

El contacto personal se resiente
- Es posible que empeoren las relaciones personales, dado que los trabajadores no tienen por qué tener contacto físico entre sí. Esto puede ocasionar ciertos problemas comunicativos, al ser más difícil plasmar los tonos de voz, el lenguaje corporal o el visual.

Menor concentración
- Es bastante factible que haya pérdidas de concentración y distracciones ocasionadas por diversas causas: llamadas telefónicas a deshora, navegación por internet relativa a aspectos no laborales, etc.

Se depende del resto del equipo
- Al trabajar en equipo en red se depende del avance y la eficiencia del resto de trabajadores involucrados en cada proyecto.

Conectarse a internet y mantener una comunicación a través de redes externas permite abrir la puerta a los contenidos informativos de una empresa. Esto puede ocasionar algunos fallos de seguridad si no se toman las medidas de seguridad adecuadas.

6. Conclusiones

Cada vez hay más empresas que apuestan por el trabajo en internet, como complementario al trabajo que se realiza en una oficina. El trabajo en red es una **buena herramienta para trabajar en equipo,** enviándose archivos entre diversos trabajadores de la misma empresa para que varios trabajadores trabajen en el mismo proyecto de modo simultáneo.

Entre otras, las principales ventajas de realizar trabajo en red son: efectuar reuniones virtuales, trabajar de manera simultánea, mejorar el reparto de tareas entre trabajadores, compartir contenido con varias personas, ahorrar costes, facilitar la libertad de horarios entre trabajadores y facilitar la comunicación entre los diversos departamentos de la empresa.

Por otra parte, también existen algunos inconvenientes a la hora de trabajar en red: el contacto personal puede resentirse, puede haber pérdidas de concentración entre los trabajadores y, también, es posible que el trabajo individual se resienta ya que se depende de la evolución del trabajo del resto del equipo.

 TAREA 5

Paco tiene una tienda de alimentación mediante la que da servicio a toda su provincia gracias a su tienda *online* y a un acuerdo al que ha llegado con una empresa de transporte. ¿Qué ventajas e inconvenientes puede encontrarse la empresa de Paco si comienza a trabajar en red?

7. Resumen

El intercambio de información y la realización de acciones comunicativas dentro de una empresa es constante. En algunas ocasiones, es necesario enviarles archivos a otros compañeros de trabajo, a clientes o a proveedores, etc. En muchas ocasiones, será necesario enviar esta información a través de internet.

Estos son los principales medios de intercambio de información que pueden utilizar las empresas en líneas generales:

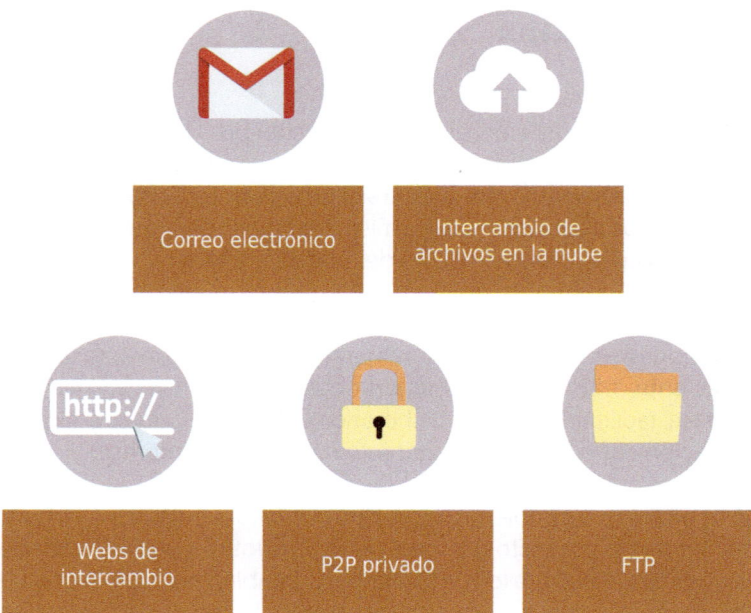

En síntesis, internet no es más que un canal mediante el que las empresas pueden alcanzar sus objetivos. Es una herramienta muy útil para realizar acciones comerciales: captar la atención de los usuarios, despertar su interés, seducirlos para que hagan algunas acciones concretas, etc.

A través de internet se puede mejorar el flujo de trabajo en equipo de las empresas. Estas son algunas de las principales ventajas de trabajar en red utilizando internet para ello.

- Hacer reuniones virtuales
- Trabajo de manera simultánea
- Mejora el reparto de tareas
- Compartir contenido con varias personas
- Ahorro de costes
- Libertad horaria
- Facilidad de comunicación

Sin embargo, el trabajo en red también tiene sus inconvenientes. Estos son los más significativos:

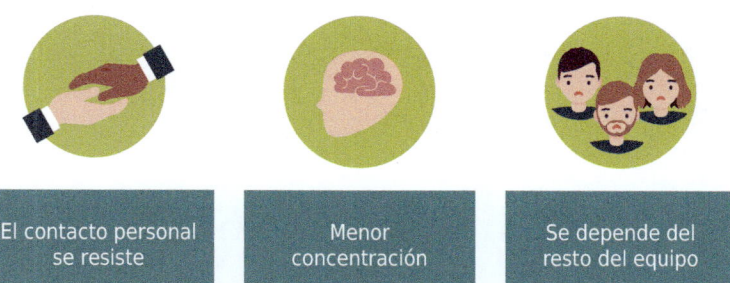

El contacto personal
se resiste

Menor
concentración

Se depende del
resto del equipo

Ejercicios de autoevaluación
Unidad de Aprendizaje 2

1. **Ordenadores, teléfonos móviles y *tablets*, ¿son capaces de compartir información entre sí?**

   a. Sí, pueden compartir información entre sí a través de memorias USB, cables de transmisión de datos, correo electrónico, herramientas de intercambio de archivos en la nube, etc.
   b. No, en ningún caso.
   c. Únicamente se puede compartir información entre ordenadores y teléfonos.
   d. Solo puede compartirse información entre *tablets* y ordenadores.

2. **¿Qué es una memoria USB?**

   a. Es un dispositivo que permite cargar el teléfono móvil enchufándolo a la red eléctrica.
   b. Es un dispositivo telefónico de almacenamiento de datos que sirve para intercambiar archivos entre teléfonos móviles.
   c. Es un dispositivo informático de almacenamiento de datos que sirve para intercambiar archivos entre varios dispositivos: teléfonos móviles, ordenadores, *tablets*, etc.
   d. Es un disco óptico en el que se pueden almacenar datos para intercambiarlos entre varios dispositivos: teléfonos móviles, *tablets*, ordenadores, etc.

3. **¿Para qué puede ser internet una buena herramienta en el ámbito organizacional?**

   a. Para mejorar los flujos de comunicación dentro de las empresas.
   b. Para conseguir que las empresas conecten mejor con sus clientes en las redes sociales.
   c. Para mejorar la imagen de marca de una empresa.
   d. Todas las opciones son correctas.

4. Indica si la siguiente afirmación es verdadera o falsa: Promocionar productos y/o servicios es un posible objetivo de la comunicación en internet de una empresa.

- Verdadero
- Falso

5. ¿Cuáles son los principales objetivos que las empresas suelen marcarse en su comunicación en internet?

a. Vender más productos.
b. Mejorar su reconocimiento de marca, captar nuevos clientes, fidelizarlos, conseguir más ventas y aumentar su cuota de mercado.
c. Mejorar su reconocimiento de marca y el posicionamiento SEO.
d. Aumentar el número de visitas a su página web.

6. ¿Qué podemos conseguir con una buena comunicación interna en una empresa?

a. Agilizar los procesos laborales.
b. Conseguir más ventas *online*.
c. Mejorar el ambiente laboral.
d. Mejorar la imagen de marca.

7. ¿Por qué pueden sustituir algunas empresas la realización de reuniones físicas?

a. Por el envío de correos electrónicos.
b. Por el envío de correos electrónicos o el uso de programas para realizar videoconferencias.
c. Por comunicarse con sus clientes a través de las redes sociales.
d. Por servicios de *streaming*.

8. Entre otras cosas, ¿qué pueden hacer las empresas a través del trabajo en red?

a. Enviar archivos a otros usuarios, independientemente del lugar geográfico en el que se encuentren, o mantener reuniones o videoconferencias entre varios equipos dispuestos en diversos lugares.
b. Mejorar su reputación en internet.
c. Potenciar su posicionamiento SEO.
d. Enviar archivos a otros usuarios, mejorando así su posicionamiento SEO.

9. ¿Qué es Trello?

a. Una herramienta de trabajo colaborativo especialmente diseñada para trabajar en equipo a través de internet.
b. Una herramienta para conseguir más seguidores en las redes sociales.
c. Una herramienta de monitorización de redes sociales.
d. Una página web con consejos sobre comunicación empresarial.

10. ¿Cuáles son las principales partes negativas del trabajo en red?

a. El contacto personal se resiente, puede haber una menor concentración, se depende del resto del equipo.
b. Las ventas del negocio físico de una empresa pueden resentirse.
c. Las empresas se enfrentan a problemas de seguridad *online*.
d. El contacto personal se resiente, afrontando las empresas posibles problemas laborales como la desmotivación del personal.

Herramientas personales de trabajo en red

Contenido

1. Introducción
2. Gestión avanzada de correo *webmail* como complemento al correo profesional
3. Uso de mensajería instantánea y *microblogging*
4. *Google* como página de acceso
5. El navegador como "sistema operativo" para aplicaciones *online*
6. Conclusiones
7. Resumen

Objetivos

El objetivo general de esta Unidad de Aprendizaje es:

→ Conocer las características de las principales herramientas que pueden utilizar las empresas para mejorar su trabajo en red.

Los objetivos específicos de esta Unidad de Aprendizaje son:

→ Determinar si una empresa debe, o no, utilizar un sistema de *webmail*.

→ Indicar qué servicio de mensajería instantánea es el más adecuado para conseguir los objetivos de una empresa de tamaño pequeño.

→ Indicar si una pequeña empresa debe utilizar un sistema operativo integrado en el navegador de sus trabajadores.

1. Introducción

Las empresas pueden hacer uso de internet para mejorar el trabajo en equipo de sus trabajadores y para ayudarlos en la tarea de alcanzar sus objetivos de *marketing* y ventas y mejorar así su cuenta de resultados.

Desde hace algo más de una década, internet ha dejado de ser un vehículo de comunicación unidireccional, **primando la participación y la interacción masiva** entre los usuarios. Esto queda demostrado, por ejemplo, en el auge de las redes sociales o de servicios de mensajería instantánea.

En la actualidad, herramientas como el correo electrónico, los sistemas de mensajería instantánea, las redes de *microblogging* e incluso los propios navegadores web pueden ser armas muy poderosas para alcanzar los objetivos de una empresa si saben utilizarse adecuadamente.

En esta unidad veremos cómo las empresas pueden aprovecharse del trabajo en red a través de diversas herramientas personales, que pueden utilizar sin problemas sus trabajadores con un poco de formación. Nos basaremos, para ello, en el caso de Electrodomésticos Sánchez, una tienda de un barrio de Madrid que está comenzando a utilizar las nuevas tecnologías de la información para potenciar su negocio.

2. Gestión avanzada de correo webmail como complemento al correo profesional

 **HILO CONDUCTOR**

María ha abierto una nueva cuenta de correo electrónico para su negocio, pero no sabe cómo gestionarla. ¿Existirán aplicaciones de gestión de correo electrónico especialmente diseñadas para empresas?

Continúa en página siguiente >>

<< Viene de página anterior

https://redirectoronline.com/ifct028po0303

Cuando una empresa quiere comenzar a comunicarse con sus clientes o potenciales clientes a través de internet, un aspecto fundamental que no puede faltar en su estrategia de comunicación es la apertura de, al menos, una **cuenta de correo electrónico corporativa.**

Para gestionar estas cuentas de correo electrónico empresariales, las empresas pueden hacer uso de _webmail,_ un sistema mediante el cual podrán acceder al correo electrónico de la empresa a través de un navegador web. De esta forma no será necesario descargar los _e-mails_ en los ordenadores, _tablets_ o teléfonos móviles de la empresa a través de programas específicos, como, por ejemplo, _Outlook_ o _Thunderbird,_ algunos de los más conocidos.

 **DEFINICIÓN**

Webmail
Cliente de correo electrónico que provee a los usuarios de una interfaz en entorno web a través de la que pueden crear y gestionar cuentas de correo electrónico.

Existen muchas empresas que ofrecen servicios de _webmail,_ especialmente los portales enfocados al correo electrónico (como por ejemplo _Yahoo!)_ o la gran mayoría de los proveedores de acceso a internet.

Mediante un servicio de _webmail_ las empresas podrán listar, desplegar y borrar los correos electrónicos que envíen o reciban a través de un servidor web. Estos correos podrán ser consultados y gestionados desde cualquier dispositivo y para ello solo hará falta una conexión a internet.

Los servicios de webmail permiten intercambiar información entre múltiples dispositivos.

 DEFINICIÓN

Servidor web

Programa informático que procesa una aplicación que permite realizar conexiones entre diversos usuarios y que permite transmitir datos entre ellos. En el ámbito del correo electrónico, permite –entre otras cosas– que se puedan enviar y recibir *e-mails* desde una cuenta de correo electrónico.

- -

Estas son algunas de las aplicaciones de *webmail* más utilizadas en el ámbito empresarial:

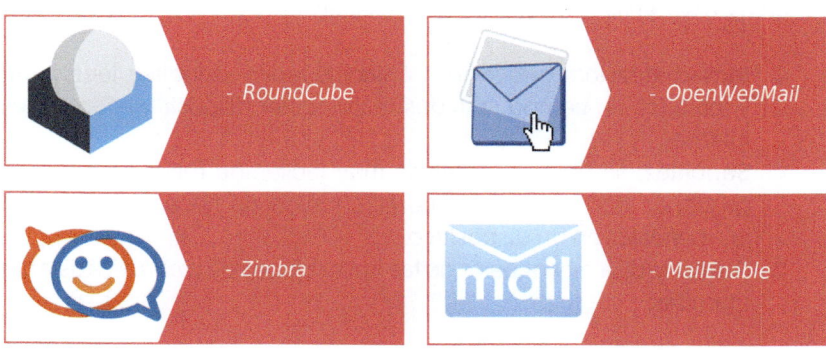

- RoundCube

- OpenWebMail

- Zimbra

- MailEnable

Continúa en página siguiente >>

<< Viene de página anterior

Además de las aplicaciones de *webmail* mencionadas, existen otras aplicaciones muy populares destinadas al gran público en general, como *Outlook, Gmail* o *Yahoo!*

 SABÍAS QUE...

Algunas entidades públicas, como por ejemplo las universidades, ofrecen servicio de *webmail* a sus integrantes. Cualquier empresa o persona puede, no obstante, construir su propio sistema de *webmail*.

A continuación, explicaremos las principales ventajas de utilizar una aplicación de *webmail* en el ámbito empresarial:

- ⇒ **Inmediatez:** los correos electrónicos pueden escribirse, leerse, enviarse y recibirse en tiempo real, desde cualquier dispositivo con conexión a internet.
- ⇒ **Sencillez:** se trata de sistemas muy fáciles de manejar, que permiten gestionar fácilmente el correo electrónico sin necesidad de descargar los mensajes en un dispositivo.
- ⇒ **Gratuidad:** la mayor parte de las aplicaciones de *webmail* existentes son gratuitas.

Por otra parte, utilizar sistemas de *webmail* también tiene sus inconvenientes:

Imprescindible tener conexión

- Sin una conexión a internet no se puede utilizar este tipo de aplicaciones.

Espacio limitado

- Normalmente, los servidores de *webmail* ofrecen espacio muy limitado para el almacenamiento de los mensajes, lo que puede acarrear problemas de espacio y de funcionamiento.

Dificultad para descargar los mensajes

- Es complicado guardar los mensajes en un dispositivo (*tablet*, ordenador, teléfono móvil...), lo que puede llegar a ser necesario especialmente a la hora de demostrar legalmente el mantenimiento de ciertas conversaciones.

Lentitud

- Dependiendo de la conexión a internet, o del peso del mensaje, estos pueden tardar en recibirse o enviarse. Un mensaje enviado usando *webmail* es más pesado que uno enviado a través de un programa específico de gestión de *e-mails*, ya que el mensaje debe envolverse en código HTML para ser enviado.

 TAREA 6

Edurne es la propietaria de una pequeña tienda de cosmética natural *online*. No tiene a nadie en su equipo, por lo que es ella misma quien visita a sus proveedores y, además, está negociando contratos con algunas agencias de modelos. Por ello, apenas pasa tiempo en su oficina. ¿Crees que debería utilizar un sistema de *webmail*?

- -

3. Uso de mensajería instantánea y *microblogging*

☞ **HILO CONDUCTOR**

María reconoce que está enganchada, personalmente, a aplicaciones como *WhatsApp* y a redes sociales como *Instagram.* ¿Podrán, este tipo de aplicaciones, ayudarla a conseguir sus objetivos empresariales?

https://redirectoronline.com/ifct028po0304

Un servicio de **mensajería instantánea** permite a los usuarios comunicarse entre sí en tiempo real. Se trata de servicios que conectan entre sí ordenadores, *tablets* o teléfonos móviles. Popularizados en la década de 1990 a través de los famosos y hoy en desuso SMS de los teléfonos móviles, en la actualidad estos sistemas se han sofisticado y su uso se ha expandido masivamente por todo el planeta.

Para que dos usuarios puedan comunicarse entre sí utilizando sistemas de mensajería instantánea, únicamente deben tener instalado el sistema que vaya a utilizarse. A continuación, mostraremos los sistemas de mensajería instantánea más utilizados y explicaremos sus principales características:

- ⊃ *Facebook Messenger:* es el cliente de mensajería instantánea proporcionado por la red social *Facebook,* disponible en dispositivos móviles o a través de la web de la red social.
- ⊃ *WhatsApp:* es la aplicación de mensajería instantánea más utilizada del mundo. Adquirida por *Facebook* en 2014, funciona en dispositivos móviles y ordenadores gracias a su versión web. Permite enviar todo tipo de archivos, enviar mensajes de voz, realizar llamadas o videollamadas, etc.

- **Google Meet:** servicio de comunicaciones de *Google,* que tiene un servicio de mensajería instantánea. Muy utilizado para realizar videoconferencias o emitir vídeos en directo a través de internet.
- **Telegram:** aplicación de mensajería instantánea desarrollada en 2013 por los hermanos Nikolái y Pável Dúrov. Es la principal competencia de *WhatsApp.* Se trata de un servicio independiente y libre de publicidad. Parte de su *software* tiene el sello de *software* libre –exceptuando el lado del servidor– y se desarrolla, en parte, gracias a los conocimientos compartidos por la comunidad.
- **Line:** permite enviar y recibir mensajes de texto, voz, fotos, vídeos, efectuar llamadas o videollamadas, entre otras funciones. Además, tiene un *timeline* parecido al de redes sociales como *Facebook* o *Instagram.*
- **Viber:** aplicación que permite efectuar llamadas de voz o vídeo entre diversos usuarios. Disponible para dispositivos de telefonía móvil y ordenadores. Es posible chatear con otros usuarios, como ocurre en *WhatsApp* o *Telegram.*

 PARA SABER MÁS

Telegram es una de las aplicaciones más polémicas de mensajería instantánea, debido a las facilidades que da a los usuarios en la distribución de contenidos audiovisuales de forma fraudulenta. Consulta el siguiente enlace para conocer la nueva funcionalidad que ha causado revuelo en el sector del cine.

https://redirectoronline.com/ifct028po0301

Respecto a las herramientas de *microblogging,* se trata de **híbridos entre los blogs y los sistemas de mensajería instantánea.** Gracias al *microblogging,* las empresas pueden publicar mensajes muy concisos rápida e instantáneamente para compartirlos con su público objetivo.

Una de las principales características del *microblogging* es la condensación y difusión de la información en un formato reducido a la mínima expresión. Este tipo de intercambio de la información entre empresas y usuarios, breve y conciso, facilita la comunicación empresarial hacia un público objetivo muy grande.

Las empresas pueden utilizar X para comunicarse con sus clientes y ofrecer, así, una atención personalizada.

El *microblogging* surgió a mediados de la década del año 2000, con la idea de fusionar los *blogs* tradicionales con las emergentes redes sociales. Así, la red social *X* es la plataforma de *microblogging* por excelencia. Esta red social, en sus inicios, evocaba a los mensajes cortos que se difundían masivamente a través de la telefonía móvil –SMS–. De esta manera, se democratizó la comunicación de masas a través de mensajes cortos que podían leer millones de personas en todo el planeta.

 ACTIVIDAD COMPLEMENTARIA

1. Localiza en *X, Threads* o *Bluesky* los perfiles de tres empresas conocidas de tu ciudad. ¿Crees que utilizan bien su presencia en alguna de estas redes sociales como servicio de *microblogging*?

El *microblogging* tiene muchas ventajas respecto a los blogs tradicionales. A continuación, conocerás las más relevantes:

Rapidez a la hora de preparar el contenido

- Escribir un post largo en un blog suele requerir bastante tiempo y esfuerzo. En el *microblogging* reina la brevedad. Un mensaje corto sobre las noticias, novedades u ofertas de una empresa se escribe rápidamente, ya que únicamente contiene información básica.

Reducción y sintetización de la información

- La mayor parte de los usuarios de los sistemas de *microblogging* utilizan para verlos dispositivos de telefonía móvil. Para que las empresas hagan llegar bien sus mensajes a estos usuarios, es necesario sintetizar mucho el mensaje, condensando la información en publicaciones breves e ingeniosas.

Publicar más en menos tiempo

- Normalmente, en un blog empresarial, se ponen pocas publicaciones por semana. El *microblogging* tiene el espíritu opuesto: al ser los mensajes más cortos, es conveniente publicarlos con mucha más frecuencia, incluso varias veces al día.

Inmediatez

- La mayor parte de las plataformas de *microblogging* se han diseñado pensando especialmente en la usabilidad y la inmediatez. Así, son muy apropiadas para difundir eventos en directo, compartir fotos o vídeos y acciones que ocurran en el día a día de una empresa.

A continuación, explicaremos cuáles son las plataformas de *microblogging* más utilizadas por las empresas en la actualidad y qué características principales tienen:

- *X:* fundada en 2006, es una de las redes sociales más populares junto a *Facebook* e *Instagram.* Es una plataforma de *microblogging* que limita a 280 el número de caracteres que los usuarios pueden escribir en cada mensaje. Los usuarios pueden compartir vídeos, imágenes, GIF, enlaces o archivos de sonido de forma complementaria al texto. Después de más de 20 años conocida como *Twitter,* el 23 de julio de 2023 pasó a llamarse *X*. Este cambio fue anunciado por Elon Musk, quien adquirió la red social en abril de ese mismo año.
- *Tumblr:* es similar a *X,* pero sin límites de caracteres en la longitud del texto. Las empresas suelen utilizarla para compartir contenido muy visual, especialmente fotografías.
- *Instagram:* creada en 2010, es ya una de las redes sociales más populares. Muy utilizada por el público de entre 20 y 30 años, permite a los usuarios compartir gratuitamente fotos y vídeos de menos de 1 minuto de duración. Está muy centrada en el ámbito de la imagen, siendo una plataforma de *microblogging* eminentemente visual.

⊃ ***Bluesky:*** esta red social fue fundada en 2024 por Jack Dorsey, uno de los fundadores de *X*. Aunque su aspecto es muy similar a *X* o *Threads,* lo que le diferencia del resto de redes sociales de *microblogging* es que está descentralizada, pudiendo sus usuarios decidir el servidor donde desea albergar su información, que puede ser distinto al que ofrece la compañía por defecto.

 TAREA 7

Jorge es el propietario de una empresa de distribución de productos ecológicos que ha comenzado a repartir sus productos directamente a los consumidores finales a través de un simple camión. ¿Qué servicio de mensajería instantánea es el más adecuado para la empresa de Jorge?

4. *Google* como página de acceso

 HILO CONDUCTOR

María sabe que millones de usuarios utilizan *Google* diariamente para buscar información en internet. Pero no tiene muy claro si *Google* es solo un buscador o puede serle de más utilidad para su negocio...

https://redirectoronline.com/ifct028po0305

Google es el buscador más utilizado en España, acumulando más del 95 % de las búsquedas en internet realizadas por los usuarios. Tanto es así que muchos de ellos no entran 'en internet', sino que directamente lo hacen en este buscador.

A través de *Google* los usuarios buscan todo tipo de información, muy especialmente relacionada con productos o servicios empresariales. Por ello, las empresas deben tener muy en cuenta a *Google* en sus estrategias de *marketing* y comunicación digital, y han de prestar especial atención al denominado **posicionamiento SEO.**

 **DEFINICIÓN**

Posicionamiento SEO
Estrategia de *marketing* digital enfocada a mejorar la posición de un sitio web en los motores de búsqueda sin invertir dinero en publicidad. Está basado en la indexación del contenido de los sitios web que realizan los motores de búsqueda mediante sus robots de búsqueda y análisis de webs, también denominados "arañas".

Google domina de tal manera el mercado de los buscadores que, prácticamente, podríamos decir que la marca *(Google)* casi ha sustituido al propio producto (motor de búsqueda). Incluso a mediados de la década del año 2000 se acuñó y popularizó el término googlear como sinónimo de buscar algo en internet.

Muchos usuarios, de hecho, tienen la página web del buscador como página de inicio en sus navegadores web. De esta forma, al entrar en internet, lo hacen directamente en *Google* y, desde ahí, visitan las webs que realmente quieren visitar o buscan la información que más les interese en cada momento.

Conseguir un buen posicionamiento en Google debe ser uno de los principales objetivos de la comunicación digital de las empresas. (© Fotografía: PK Studio / Shutterstock.com)

 **PARA SABER MÁS**

En este enlace se explica cómo hacer de *Google* la página de inicio en diferentes navegadores:

https://redirectoronline.com/ifct028po0302

5. El navegador como "sistema operativo" para aplicaciones *online*

 **HILO CONDUCTOR**

A María comienza a resultarle un poco complejo utilizar diversas herramientas para potenciar el trabajo en red y la comunicación digital de su negocio: *webmail, aplicaciones de microblogging, Google...* ¿Será posible aglutinarlo todo en un mismo lugar?

https://redirectoronline.com/ifct028po0306

Los **navegadores** son una herramienta muy potente mediante la que las empresas pueden realizar múltiples acciones. Incluso es posible ejecutar diversos sistemas operativos a través de ellos, lo que facilita tareas como la administración de un negocio en entorno digital.

A continuación, veremos qué opciones tienen las empresas a su alcance para tener todo un sistema operativo integrado en un navegador web:

ChromeOS
- Desarrollada por *Google*, utiliza *Google Chrome* como su interfaz principal, ofreciendo mútliples funciones como el uso de *Google Workspace* y todas las novedades de la IA.

SilveOS
- Se trata de un sistema operativo completo, que incluso tiene un escritorio para trabajar en red. Incluye un reproductor de archivos multimedia, explorador de archivos e incluso instalar programas en el ordenador. Para usarlo, es necesario tener instalado un programa llamado *Silverlight 4*.

Anfix
- Es un sistema operativo muy útil para las empresas, ya que facilita aplicaciones de facturación, gestión de presupuestos, gestión de impuestos, contabilidad o administración de *stock* y proyectos desde el navegador mediante un escritorio *online*.

fydeOS
- Se considera la equivalencia de *ChromeOS* pero diseñada con código abierto. Basado en Linux, permite ejecutar aplicaciones de Android y destaca por su sencilla interfaz.

 **DEFINICIÓN**

JavaScript
Es un tipo de lenguaje de programación que permite efectuar acciones complejas en una página web.

Para que lleven a buen puerto su conversión a sistemas operativos, los navegadores web deberían cumplir dos objetivos fundamentales: seguir desarrollando su tarea de facilitar el consumo de contenidos en internet y facilitar al máximo la experiencia de usuario, haciendo que su uso sea lo más sencillo posible.

APLICACIÓN PRÁCTICA

Jorge es el propietario de una tienda de zapatos *online*. Para gestionar más rápidamente su negocio, ha decidido comenzar a utilizar *Anfix* dentro de su navegador web. ¿Ha hecho lo correcto?

Solución

Sí, *Anfix* incorpora múltiples funcionalidades muy útiles para la gran mayoría de empresas, por lo que la elección de Jorge es correcta.

 ACTIVIDAD COMPLEMENTARIA

5. Investiga en internet acerca del uso que, en realidad, tienen en las empresas españolas los sistemas operativos integrados en navegadores. ¿Crees que su uso está extendido?

6. Conclusiones

☞ **HILO CONDUCTOR**

María cree que ya conoce bastante bien cuáles son las principales herramientas personales de trabajo en red que puede utilizar en su empresa. ¿Habrá asimilado todos los conceptos?

https://redirectoronline.com/ifct028po0307

El **correo electrónico** es una buena herramienta para potenciar la comunicación de las empresas. Para gestionarlo adecuadamente, las empresas pueden utilizar sistemas de *webmail* que les permiten utilizarlo desde cualquier dispositivo, sin necesidad de descargar los correos electrónicos en un ordenador.

Por otra parte, las empresas pueden utilizar sistemas de mensajería instantánea y redes de *microblogging* para potenciar su comunicación con los clientes, haciéndola más rápida, directa e inmediata. Este tipo de sistemas se caracteriza por utilizar mensajes de texto cortos, imágenes, vídeos y otro tipo de archivos que pueden compartirse con rapidez a través de internet.

Además, las empresas pueden utilizar diversas herramientas para integrar sistemas operativos en sus navegadores web, ahorrando así tiempo en diversos aspectos de la gestión de su negocio.

 TAREA 8

Susana es la propietaria de una ferretería tradicional en un barrio de Zamora. Se trata de un pequeño negocio, con solamente 4 trabajadoras. Únicamente tiene 3 proveedores de material, con los que tiene una comunicación fluida a través de los sistemas de comunicación internos de dichas empresas. En base a estos datos, ¿crees que las trabajadoras de Susana deberían utilizar un sistema operativo integrado en los navegadores de sus equipos?

7. Resumen

Un buen método para gestionar adecuadamente las cuentas de correo electrónico empresariales es utilizar sistemas de *webmail*. Gracias a este tipo de sistemas es posible acceder al correo electrónico de una empresa mediante un navegador web. Así, no es necesario descargar los correos electrónicos en los diversos dispositivos (ordenadores, *tablets,* teléfonos móviles) que utilicen habitualmente los trabajadores o directivos de una empresa.

Estas son algunas de las aplicaciones de *webmail* más usadas por las empresas en la actualidad:

Las empresas también pueden hacer uso de sistemas de mensajería instantánea para potenciar la comunicación con sus clientes. Se trata de sistemas de comunicación muy simples, que permiten enviar texto, archivos, realizar llamadas o incluso videoconferencias. Estos son los principales:

➲ *Facebook Messenger*
➲ *WhatsApp*
➲ *Google Meet*
➲ *Telegram*
➲ *Line*
➲ *Viber*

Respecto al *microblogging,* este tipo de aplicaciones son una mezcla entre los blogs y los sistemas de mensajería instantánea. Se trata de plataformas que permiten a las empresas publicar mensajes cortos y compartir fácilmente información con su comunidad de seguidores, fundamentalmente textos e imágenes. Algunas de las herramientas de *microblogging* más conocidas son *X, Instagram, Tumblr* y *Bluesky.*

Estas son las principales ventajas que pueden obtener las empresas que integren el *microblogging* en su estrategia de comunicación digital:

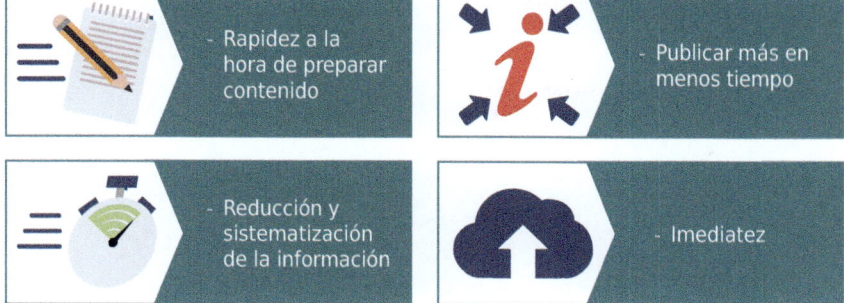

Ejercicios de autoevaluación
Unidad de Aprendizaje 3

1. **¿Qué no puede faltar en la estrategia de comunicación de una empresa?**

   a. La apertura de, al menos, una cuenta de correo electrónico corporativa.
   b. La apertura de una cuenta en *X*.
   c. Acciones de *videomarketing*.
   d. Compra de seguidores en *Instagram*.

2. **¿Qué entendemos por webmail?**

   a. Es un cliente de correo electrónico que provee a los usuarios de una interfaz en entorno web, a través de la que pueden crear y gestionar cuentas de correo electrónico.
   b. Es una empresa que ofrece servicios de internet a otras empresas.
   c. Es un sistema de correo electrónico que ayuda a las empresas a potenciar sus ventas *online*.
   d. Es un cliente de correo electrónico que provee a las empresas de una interfaz en entorno móvil mediante la que pueden crear cuentas de correo electrónico.

3. **Indica si la siguiente afirmación es verdadera o falsa: Yahoo! ofrece servicios de webmail.**

   ■ Verdadero
   ■ Falso

4. **¿Qué es *RoundCube?***

   a. Una aplicación de *webmail*.
   b. Un sistema de *microblogging*.
   c. Una aplicación de mensajería instantánea.
   d. Un sistema operativo.

5. Indica si la siguiente afirmación es verdadera o falsa: Cualquier empresa o persona puede construir su propio sistema de *webmail*.

- Verdadero
- Falso

6. ¿Cuáles son las principales ventajas de utilizar una aplicación de *webmail* en el ámbito empresarial?

a. Inmediatez, sencillez y gratuidad.
b. Complejidad, eficacia e inmediatez.
c. Que permite mejorar las relaciones con los clientes.
d. Que permite mejorar el posicionamiento SEO de la empresa.

7. Para que dos usuarios puedan comunicarse entre sí utilizando un sistema de mensajería instantánea, ¿qué deben tener instalado?

a. *WhatsApp*.
b. El sistema que vaya a utilizarse.
c. Un sistema operativo en el navegador.
d. *WhatsApp* o *Telegram*.

8. ¿Qué son, básicamente, las herramientas de *microblogging*?

a. Híbridos entre los *blogs* y los sistemas de mensajería instantánea.
b. Redes sociales.
c. Híbridos entre las webs y los sistemas de mensajería instantánea.
d. Híbridos entre *Google* y *X*.

9. ¿Qué misión tenía, en sus orígenes, el *microblogging*?

a. Crear una herramienta de trabajo especialmente diseñada para trabajar en equipo en red.
b. Fusionar los *blogs* tradicionales con las emergentes redes sociales.
c. Fusionar *X* y *Facebook*.
d. Crear una red de páginas webs de empresas.

10. **¿Cuál decimos que es la plataforma *de microblogging* por excelencia?**

    a. *X*
    b. *Facebook*
    c. *Instagram*
    d. *WhatsApp*

El trabajo colaborativo en la red

Contenido

Objetivos

El objetivo general de esta Unidad de Aprendizaje es:

→ Aprender conceptos básicos y conocer las principales herramientas de trabajo colaborativo en la red.

Los objetivos específicos de esta Unidad de Aprendizaje son:

→ Identificar qué herramientas de trabajo colaborativo en la red son las más apropiadas para una empresa de tamaño medio.

→ Determinar los beneficios que tiene, para una empresa pequeña, utilizar una herramienta avanzada de documentación.

1. Introducción

Internet abre a las empresas la posibilidad de potenciar su trabajo en equipo, no solamente facilitando el intercambio de archivos e información sino incluso optando por la posibilidad de crear y editar documentos *online,* en tiempo real, por parte de varios usuarios.

En este contexto entran en juego aspectos como las llamadas 'wikis' o webs colaborativas, los *blogs* corporativos, herramientas de gestión y edición de documentos en la nube, etc. A través de estas herramientas las empresas pueden ser capaces de potenciar su trabajo en equipo y mejorar así su trabajo en el día a día.

En esta unidad veremos cómo las empresas pueden sacarle un gran potencial al trabajo colaborativo en la red. Lo haremos a través del caso de Electrodomésticos Sánchez, una pequeña empresa que quiere utilizar las nuevas tecnologías de la información para desarrollar documentos y estrategias de *marketing* digital de un modo colaborativo entre los diversos miembros de su equipo.

2. Wikis

 HILO CONDUCTOR

María sabe que existen páginas web cuyo contenido lo escriben los propios usuarios, como, por ejemplo, la *Wikipedia.* ¿Tendrán estas páginas algún tipo de utilidad para su negocio *online?*

https://redirectoronline.com/ifct028po0410

Wiki es una palabra utilizada en el ámbito digital para referirse a los sitios web cuyos **contenidos son desarrollados por múltiples usuarios** mediante cualquier tipo de navegador. Estas páginas web se crean gracias a la colaboración de los usuarios, que son los encargados de agregar, modificar o eliminar los contenidos.

SABÍAS QUE...

La palabra *wiki* proviene del término hawaiano *wiki wiki*, cuya traducción al castellano es rápido, y fue propuesto por primera vez por el programador Ward Cunningham. El auge de *Wikipedia*, desde mediados de la primera década del siglo XXI, la popularizó.

Se trata de un formato muy adecuado para conseguir **difundir conocimiento** en el ámbito digital, y también para potenciar el trabajo en equipo. Normalmente las wikis incluyen un historial de cambios en la edición de los contenidos, por lo que estos se pueden revertir o corregir.

Una de las ventajas que ofrecen las wikis es la posibilidad de crear páginas web de forma automática, sin tener en cuenta el diseño o la organización de la información. Muchas wikis fabrican hipervínculos y páginas automáticamente cuando el usuario escribe algunos términos de una manera determinada, como, por ejemplo, entre dos corchetes –[ ]–.

Las wikis son muy apropiadas para impulsar el trabajo colaborativo de una gran cantidad de usuarios.

A continuación, explicamos cuáles son las principales ventajas de las wikis:

- **Rapidez, flexibilidad y libertad:** dan a los usuarios la opción de crear páginas automáticamente, con una gran flexibilidad y libertad.
- **Actualidad:** normalmente el contenido de las wikis es siempre actual, aunque esto depende de la popularidad del tema en cuestión y del número de usuarios capaces de aportar conocimiento y actualizaciones.
- **Revisiones sencillas:** es muy fácil revisar los cambios realizados gracias a su control de cambios, que permite comprobarlos, editarlos e incluso eliminarlos si es necesario.
- **Económicas:** habitualmente se trata de plataformas con un mantenimiento muy barato.
- **Multiidioma:** es posible escribir el contenido en varios idiomas, lo que facilita compartir el conocimiento de manera internacional.

No obstante, las wikis también tienen ciertas desventajas que es preciso tener en cuenta. A continuación, desgranaremos las principales:

Falta de veracidad

- Al tratarse de servicios gratuitos y de acceso libre para cualquier internauta, es posible que los contenidos no se ajusten totalmente a la realidad, a pesar de los mecanismos de control que suelen implementar este tipo de plataformas.

Incumplimiento de los derechos de autor

- En ocasiones se infringen los derechos de autor, utilizando contenido sin permiso: frases, fragmentos de libros, canciones o cualquier otro tipo de archivo que pueda albergar contenido con propiedad intelectual.

Dificultad para homogeneizar el estilo

- Al tratarse de herramientas que permiten una autoría múltiple, es posible que existan diferentes estilos de redacción, tanto en su enfoque como en la calidad de los textos.

Aunque la fama de las wikis se debe fundamentalmente a la creación de enciclopedias colectivas como *Wikipedia*, lo cierto es que existen otras aplicaciones que pueden usarse para coordinar información y tareas, o poner en común conocimientos y archivos dentro de grupos de trabajo.

SABÍAS QUE...

La wiki más grande del mundo es la versión en inglés de *Wikipedia*.

- -

Cualquier empresa puede, en realidad, crear su propia wiki para trabajar de modo colaborativo. Existen diversos programas para hacerlas que utilizan fundamentalmente bases de datos y lenguajes de programación. Estos son los más utilizados:

3. *Blogs* corporativos

👉 **HILO CONDUCTOR**

María cree que desarrollar una wiki es demasiado para su pequeño negocio *online*, así que ha seguido investigando y se ha dado cuenta de que quizá sea

Continúa en página siguiente >>

<< Viene de página anterior

mejor comenzar con un pequeño *blog* insertado en su página web. Pero, ¿cómo se crearán los *blogs* y para qué servirán realmente?

https://redirectoronline.com/ifct028po0411

Un *blog* es un sitio web en el que las personas o las empresas publican información de interés para sus seguidores. Normalmente se trata de sitios web de carácter privado, introvertido, escritos desde el punto de vista de las personas que escriben los contenidos. Sin embargo, también **existen *blogs* de carácter comercial** o **para mejorar la comunicación y el *marketing* de las empresas.** En este segundo caso estaríamos hablando de los *blogs* corporativos, de empresas.

Las empresas que se toman realmente en serio su *marketing* y la comunicación digital incluyen el *blog* corporativo en la estrategia de *marketing* de contenidos empresarial, cuyo objetivo debe ser atraer el mayor tráfico orgánico (mediante las búsquedas en motores de búsqueda como *Google*) posible a la web. De esta forma será más probable captar clientes potencialmente interesados en los productos o servicios de la empresa.

 DEFINICIÓN

Blog
Sitio web similar a una página web, pero de contenido más personal, divulgativo o desenfadado. Las empresas pueden utilizar un *blog* corporativo para difundir sus novedades, productos, servicios, consejos y otros contenidos de interés para sus clientes, actuales y potenciales.

Existen algunas normas no escritas para gestionar adecuadamente un *blog* corporativo. A continuación, explicaremos las principales:

- **Escribir con conocimiento de causa:** es recomendable aportar conocimientos cualificados y contrastables que aporten valor al usuario.
- **Evitar el autobombo:** mediante un *blog* corporativo se debe atraer al potencial cliente, no convencerlo de que debe comprar los productos o servicios de la empresa en cuestión. Por lo tanto, no es conveniente hablar siempre de los aspectos positivos y excelentes de la empresa.
- **Constancia:** lo ideal es seguir una línea de publicación de contenidos regular en el tiempo. Como mínimo, sería necesario publicar un artículo a la semana, aunque lo ideal es publicar al menos 2 o 3 para dar la sensación de que la empresa es realmente una experta en su campo.
- **Potenciar la participación:** lo recomendable es que se cree un equipo de redactores de contenidos para el *blog* dentro de la propia empresa. Esto es especialmente interesante en el caso de que la empresa tenga varios especialistas en diversas áreas de su mercado en concreto. Además, es necesario fomentar la participación y la interacción con los usuarios que acceden al *blog*, permitiendo que comenten los contenidos e interactuando con ellos en todo momento para fomentar la creación de una comunidad participativa.
- **Tener una sola voz:** si hay un equipo de redactores encargados de dotar de contenidos al *blog*, es necesario que escriban con un mismo estilo. También es importante que se coordinen entre sí para evitar contradicciones entre diversos contenidos o cambios de tono.
- **Planificación:** es muy recomendable tener una política muy clara de publicación de contenidos en el *blog*. Es necesario crear diversas categorías dentro del *blog*, dividiendo los temas a tratar por áreas o subáreas, preparar un calendario editorial con fechas de publicación de contenidos y tratar temas de la actualidad del sector económico en el que opere la empresa.

Existen algunas plataformas *online* gratuitas que permiten a las empresas **construir sus *blogs* corporativos.** Las más usadas son *WordPress*, *Blogger* y *Wix*. Sin embargo, lo ideal es que las empresas integren su *blog* corporativo en su página web.

Un *blog* corporativo de alta calidad puede ser una gran herramienta para dar a conocer el trabajo de una empresa, difundir su imagen como experta en el sector, compartir experiencias de sus clientes, etc. Además, si el *blog* está incluido en la web de la empresa, ayudará a que esta se posicione mejor en *Google*.

⤵ CONSEJO

Acaba cada artículo del *blog* corporativo animando a los usuarios a dejar sus dudas o sugerencias en los comentarios. Esto propiciará que aumenten las interacciones y se consiga crear una conversación entre los usuarios y la marca. Para que esto último ocurra, la empresa ha de contestar siempre a los mensajes de los usuarios.

En un mercado como el actual, global y muy competitivo, el contenido es básico y debería responder al siguiente esquema:

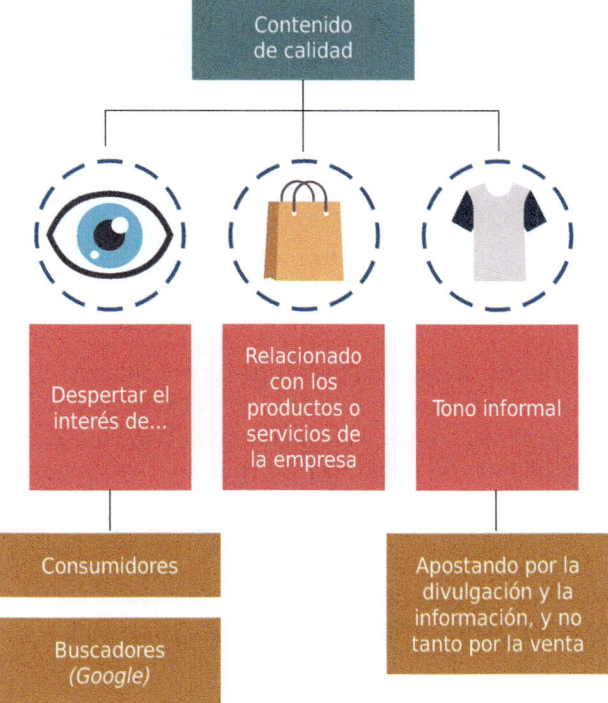

Si la empresa no sabe qué tipo de contenido publicar en su *blog* corporativo, lo primero que debe hacer es meditar acerca de qué quieren leer los usuarios de su *blog*.

 **EJEMPLO**

El *blog* corporativo de *Movistar*, denominado *Think Big*, da información muy interesante para pequeñas y medianas empresas desde diferentes puntos de vista y sobre temas empresariales. En este *blog* escriben contenido expertos en diversos temas. Gracias a eso la empresa consigue que los contenidos sean constantemente de calidad y que se orienten a la resolución de dudas y problemas de los usuarios.

Puedes consultarlo en este enlace:

https://redirectoronline.com/ifct028po0401

 **TAREA 9**

Laura es la propietaria de una cadena de supermercados ecológicos. Uno de sus objetivos empresariales es difundir el conocimiento de su empresa del sector ecológico y, además, crear una potente comunidad que debata acerca de ello. ¿Qué herramientas de trabajo colaborativo en la red le recomendarías?

4. Documentos y webs compartidos

👉 **HILO CONDUCTOR**

María se encuentra con una dificultad añadida para pulir el trabajo en equipo de su empresa: ¿cómo compartir documentos y editarlos en tiempo real entre varios usuarios? ¿Existirán herramientas específicas para ello?

Continúa en página siguiente >>

<< Viene de página anterior

https://redirectoronline.com/ifct028po0412

La necesidad de editar documentos en común junto a otros usuarios es algo cada vez más habitual y más demandado por los internautas y por los responsables de empresas que utilizan las **nuevas tecnologías de la información** para potenciar su trabajo en equipo.

Existen algunas herramientas que permiten a las empresas editar documentos de forma compartida, entre varios usuarios. Se trata de plataformas web especialmente ideadas para fomentar la colaboración y el trabajo en equipo. A continuación, explicaremos en qué consisten las principales:

> **Office Online**
>
> - A través de un navegador web es posible acceder a diversos programas del paquete de *Office* lanzado por *Microsoft*: *Word, Excel, PowerPoint, OneNote, etc.* Los documentos compartidos, que se pueden editar en grupo, pueden almacenarse en *OneDrive*, la plataforma de almacenamiento en la nube de *Microsoft*.

> **Google Docs**
>
> - Es una de las plataformas de edición de documentos *online* más utilizadas. Permite compartir documentos con otros usuarios para que los revisen o editen. Permite editar los documentos en tiempo real, por lo que varias personas pueden trabajar a la vez en el mismo documento.

> **Etherpad**
>
> - Es una de las plataformas de edición de Se trata de un editor de texto *online* de código abierto. Es sencillo, pero muy rápido e intuitivo de utilizar, por lo que es adecuado para pequeñas empresas.

Continúa en página siguiente >>

<< Viene de página anterior

> **Dropbox**
>
> - Se trata de una plataforma para almacenar archivos en la nube. Si bien no es un editor de archivos *online*, sus opciones para compartir carpetas y documentos la convierten en una herramienta adecuada para trabajar en grupo. Únicamente es necesario que cada usuario edite la copia sincronizada desde su dispositivo (ordenador, móvil, *tablet...*).

> **iWork para iCloud**
>
> - Se trata de un producto de *Apple,* muy parecido a *Office Online* y con características similares. También permite exportar e importar ficheros desde *Office.*

Por otra parte, las empresas también pueden utilizar su propia página web para compartir archivos con sus clientes. Se trata de un modo muy adecuado para centralizar toda la documentación que se envíe a los clientes – *tickets,* facturas, reclamaciones...– y, además, reforzará el vínculo del cliente con la marca.

Utilizando la web empresarial para compartir documentos con los clientes, las empresas pueden conseguir los siguientes objetivos:

- Hacer de la web el lugar central de la relación con los clientes.
- Evitar enviar la documentación a través del correo electrónico.
- Saber si el cliente ha accedido o no a los archivos enviados.
- Evitar fallos de versiones en los documentos.
- Reducir el número de llamadas o *e-mails* de los clientes solicitando un documento.
- Cumplir con la legislación de protección de datos.
- Proporcionar mayor seguridad en el entorno de transferencia de documentos.

ACTIVIDAD COMPLEMENTARIA

6. Investiga en internet acerca de qué tipo de empresas suelen utilizar sus páginas web como centro neurálgico para compartir archivos con sus clientes.

5. Herramientas avanzadas de documentación

👉 **HILO CONDUCTOR**

Uno de los problemas que tiene el negocio de María es el de gestionar adecuadamente la documentación derivada de su negocio *online*. ¿Existirán algunas herramientas que le permitan mejorar este aspecto de su empresa?

https://redirectoronline.com/ifct028po0413

Uno de los grandes retos para las pequeñas y medianas empresas es **mejorar su gestión documental** a través de las nuevas tecnologías de la información. Se trata del conjunto de procesos que deben efectuar para administrar adecuadamente documentos y archivos.

Que una empresa tenga una correcta gestión documental le permitirá consultar rápidamente documentos, modificarlos y archivarlos cuando sea necesario. Así, utilizando criterios básicos de economía y racionalización del tiempo y del espacio físico en un centro de trabajo, será más fácil determinar qué documentos son útiles para una empresa y cuáles pueden eliminarse.

Para conseguir una correcta gestión documental, las empresas pueden ayudarse de **herramientas avanzadas de documentación:** los llamados **sistemas de gestión documental.** Están diseñados para hacer un seguimiento, almacenar, administrar y controlar el flujo de la documentación y los archivos que maneje la empresa.

ACTIVIDAD COMPLEMENTARIA

7. Investiga en internet acerca de los problemas que tienen las pequeñas y medianas empresas para gestionar adecuadamente su documentación.

- -

Este tipo de sistemas se apoya en herramientas informáticas que agilizan la digitalización de documentos, ganando así eficacia y rentabilidad. Utilizando *software* de gestión documental, las empresas podrán acceder y editar documentos de un modo más sencillo. Además, las **medidas de seguridad** de este tipo de programas hacen que se reduzca considerablemente el riesgo de perder documentos.

PARA SABER MÁS

Te animamos a ver el siguiente vídeo, en el que se explica con detalle qué son los sistemas de gestión documental.

https://redirectoronline.com/ifct028po0402

- -

En el mercado existen diversas herramientas avanzadas de documentación que pueden utilizar las empresas. A continuación, explicaremos las características más relevantes de las principales:

- ➲ **Nuxeo:** es un *software* de gestión documental que permite almacenar archivos. Es un programa muy flexible, con un motor de búsqueda potente y que permite digitalizar fácilmente diversos tipos de documentos.
- ➲ **Athento:** es una plataforma de gestión documental de manejo sencillo e intuitivo. Incorpora un motor de búsqueda muy rápido y, además, per-

mite crear documentos propios. Es capaz de producir automáticamente flujos visuales de documentos o eliminar tareas manualmente. También se puede acceder y validar documentos desde un teléfono móvil.

🡆 **LogicalDOC:** esta herramienta es muy adecuada para atender las necesidades de gestión documental de una pyme. Se trata de una plataforma de gestión documental *online,* en la nube. Su interfaz es muy sencilla de utilizar.

🡆 **Alfresco:** es una plataforma de gestión documental que permite colaborar entre diversos usuarios, personalizar paneles e integrarse fácilmente en los procesos de aplicaciones y programas empresariales. Está muy orientada a conseguir el máximo valor posible de los contenidos que se gestionan en ella.

 TAREA 10

Benito es el jefe de una gestoría de carácter familiar en la que trabajan cinco personas. Entre facturas, declaraciones de impuestos, contratos y peticiones legales, acumula mucho papeleo en su oficina. ¿Qué beneficios tendría, para la empresa de Benito, utilizar una herramienta avanzada de documentación?

6. Conclusiones

 HILO CONDUCTOR

María cree que ya sabe lo suficiente acerca del trabajo colaborativo en la red y ha decidido comenzar a utilizar algunas herramientas para potenciarlo. Pero, ¿será capaz de tener siempre claro para qué sirve cada opción?

https://redirectoronline.com/ifct028po0414

Una opción para fomentar el trabajo colaborativo en su equipo son las **wikis,** páginas web colaborativas en las que los usuarios son quienes crean el propio contenido. Sin embargo, esta opción no es muy recomendable para la mayor parte de las empresas, ya que está enfocada a la creación de contenidos de modo colaborativo a gran escala. En las wikis puede editar el contenido cualquier usuario y eso hace que pueda haber ciertos **problemas de credibilidad, veracidad y seguridad.**

Las empresas pueden utilizar sus *blogs* corporativos como herramienta de trabajo colaborativo y, también, para difundir sus conocimientos al mundo exterior. En un *blog* corporativo pueden escribir diversos trabajadores de la empresa, lo que es muy recomendable si además tienen amplios conocimientos acerca del sector empresarial en el que opere la entidad. Además, a través de un *blog* las empresas pueden interactuar con los potenciales clientes, ayudando así a la creación de una comunidad en torno a la empresa.

Un blog es una buena herramienta para fomentar el trabajo en equipo dentro de una empresa y para posicionarla como referente en su sector.

Por otra parte, las empresas pueden utilizar diversas herramientas para **compartir y editar documentos en la red,** de modo colaborativo. A través de estas herramientas los trabajadores de la empresa pueden compartir archivos, editarlos o crearlos colaborativamente. Se trata de herramientas muy útiles para trabajar con, especialmente, archivos de texto. Las principales son *Dropbox, Google Docs, Office Online, iWork* para *iCloud* y *Etherpad.*

Los usuarios pueden utilizar Dropbox y otras herramientas colaborativas desde cualquier dispositivo. (© Fotografía: Rawpixel / Shutterstock.com)

Asimismo, también existen diversos programas y plataformas para que las empresas puedan gestionar adecuadamente su documentación en el ámbito *online*.

 ## APLICACIÓN PRÁCTICA

Paco es el dueño de una empresa de reparaciones del hogar que quiere darse a conocer y posicionarse como un referente en su sector. Para ello, ha creado un *blog* en el que intervienen varios trabajadores de su empresa escribiendo contenidos de calidad.

¿Ha tomado la decisión correcta?

Solución

El *blog* es una buena herramienta para potenciar el trabajo colaborativo entre los trabajadores de una empresa y, además, para difundir contenidos y posicionarla como referente en su sector empresarial.

7. Resumen

Una wiki es una **página web colaborativa,** construida entre múltiples internautas. Las wikis son muy utilizadas para trabajar de modo colaborativo en la red, especialmente cuando se trata de proyectos muy grandes en los que pueden intervenir cientos o miles de personas. Fundamentalmente, sirven para compartir contenido de calidad acerca de temas concretos, en formato texto.

La wiki más conocida y utilizada del mundo es la famosa *Wikipedia,* una enciclopedia de carácter colaborativo en la que millones de usuarios de todo el mundo comparten conocimiento.

Normalmente las wikis **son editables** por cualquier usuario registrado en ellas, siendo sumamente sencillo aportar contenido y editarlo. Esto acarrea ciertos problemas, como, por ejemplo, el riesgo de que el contenido aportado por los usuarios no sea verídico.

Un **blog corporativo** es una página web en la que las personas o empresas pueden publicar contenido de interés para los seguidores de su comunidad. Normalmente son sitios de carácter privado, ideales para tratar temas personales. No obstante, las empresas pueden crearlos para compartir contenido de carácter comercial o mejorar su *marketing* y comunicación corporativa. Para que la estrategia de creación de contenidos en un *blog* empresarial tenga éxito, es recomendable seguir una serie de normas no escritas:

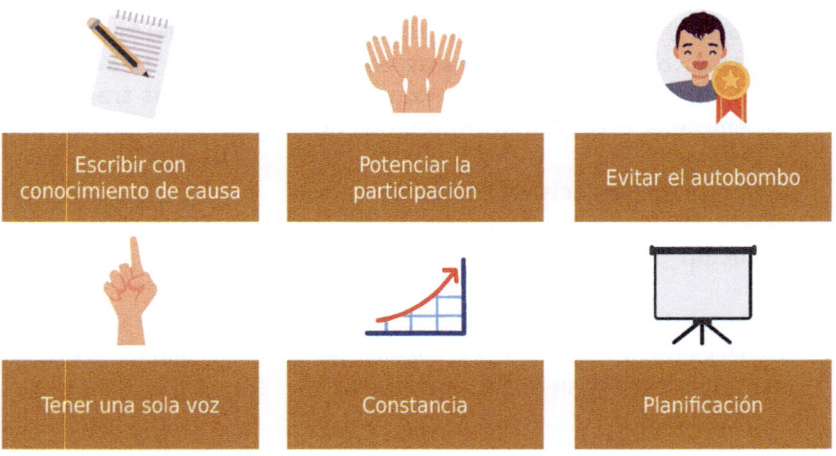

Por otra parte, existen también algunas herramientas informáticas que permiten potenciar el trabajo colaborativo dentro de las empresas. Estas herramientas permiten compartir y editar documentos entre varios usuarios a través de internet. Estas son las principales:

- *Office online*
- *Google Docs*
- *Etherpad*
- *Dropbox*
- *iWork* para *iCloud*

Ejercicios de autoevaluación
Unidad de Aprendizaje 4

1. En el ámbito *online,* ¿a qué hace referencia la palabra wiki?

   a. A los *blogs* corporativos.
   b. A los sitios web cuyos contenidos son desarrollados por múltiples usuarios mediante cualquier tipo de navegador.
   c. A contenido que se comparte rápidamente.
   d. A *blogs* realizados con *Wikipedia.*

2. Indica si la siguiente afirmación es verdadera o falsa: Las wikis suelen incluir un historial de cambios en la edición de los contenidos.

   ■ Verdadero
   ■ Falso

3. ¿Cuáles son las principales ventajas de las wikis?

   a. Que son rápidas, flexibles, permiten tratar temas de actualidad, son económicas, multiidioma y permiten a los usuarios trabajar con libertad.
   b. Que son editables por cualquier tipo de usuario.
   c. Que pueden ayudar a las empresas a comunicar mejor y crecer.
   d. Todas las opciones son incorrectas.

4. ¿Qué es *TikiWiki?*

   a. Una herramienta para crear wikis.
   b. Un sistema de *microblogging.*
   c. Una aplicación para crear *blogs.*
   d. Una herramienta de gestión documental *online.*

5. ¿Para qué pueden utilizar las empresas un blog corporativo?

   a. Para vender más.
   b. Para potenciar su imagen en internet.

    c. Para difundir sus novedades, productos, servicios, consejos y otros contenidos de interés para sus clientes, actuales y potenciales.

    d. Para conseguir más seguidores en las redes sociales.

6. ¿Cuáles son las principales plataformas para construir *blogs* corporativos?

    a. *Blogger, WordPress y Wix.*

    b. *Dropbox, GoogleBlog y WordPress.*

    c. *Blogger, WordPress y AppleBlog.*

    d. *Blogging, Wikiblog y Wix.*

7. Si una empresa no sabe qué tipo de contenido publicar en su blog corporativo, ¿qué es lo primero que debe hacer?

    a. Meditar acerca de qué quieren leer los usuarios de su blog.

    b. Preguntar a sus seguidores en las redes sociales qué tipo de contenido quieren ver.

    c. Preguntar a sus clientes actuales qué tipo de contenido deben publicar.

    d. Realizar una encuesta en sus redes sociales para comprobar qué contenido es el más aceptado por su comunidad.

8. ¿Para qué sirve, principalmente, *Google Docs?*

    a. Para compartir y editar documentos *online.*

    b. Para conseguir un mejor posicionamiento en *Google.*

    c. Para editar documentos *online.*

    d. Para crear wikis.

9. Indica si la siguiente afirmación es verdadera o falsa: Las empresas pueden utilizar sus páginas web para compartir archivos con sus clientes.

    ■ Verdadero

    ■ Falso

10. ¿Qué es *Athento?*

      a. Una herramienta avanzada de gestión documental.
      b. Un tipo de blog corporativo.
      c. Una herramienta ideada para crear wikis fácilmente.
      d. Un sistema operativo colaborativo.

Personalidad digital

Contenido

Objetivos

El objetivo general de esta Unidad de Aprendizaje es:

→ Asimilar la importancia de mantener una identidad y personalidad digital brillantes.

Los objetivos específicos de esta Unidad de Aprendizaje son:

→ Indicar los principales pasos que debe llevar a cabo una empresa para desarrollar una estrategia exitosa a través de un *blog* profesional.

→ Trazar una estrategia básica de comunicación en *LinkedIn* para una persona profesional.

1. Introducción

A la hora de afrontar con éxito **una estrategia de comunicación digital y** *networking* en internet, es muy importante desarrollar una identidad digital profesional brillante. Para conseguirlo, es preciso utilizar adecuadamente herramientas muy potentes desde un punto de vista comunicativo, como son las redes sociales o un *blog* corporativo.

En cuanto a las redes sociales, es preciso tener en cuenta una serie de pautas que se resumen en una principal: debemos ser capaces de **crear perfiles profesionales** en ellas, dejando de lado el resto de facetas de nuestra vida personal.

Y respecto al *blog* profesional, también es necesario mimarlo y cuidarlo, dotándolo de contenidos de calidad, que aporten valor a la comunidad, con una actualización regular y estudiada.

En esta unidad aprenderemos cómo gestionar adecuadamente la identidad digital tanto de una persona como de una empresa. Lo haremos basándonos en el caso de María, dueña de Electrodomésticos Sánchez. María, que apenas tiene conocimientos de *marketing* digital, ha decidido abrir un *blog* profesional y comenzar a venderse a ella misma en las redes sociales como lo que es: una auténtica experta en el sector de los electrodomésticos.

2. Qué es la personalidad digital

☞ HILO CONDUCTOR

A María le da un poco de miedo lanzarse a debatir en internet con otros profesionales de su sector, porque no querría que esto le repercutiera en su vida privada. Por eso, antes de lanzarse a la piscina, ha decidido investigar un poco acerca del uso que puede hacer de internet para conseguir sus objetivos de comunicación y *networking*. Y se ha encontrado con un concepto nuevo para ella: la personalidad digital. ¿Qué será?

Continúa en página siguiente >>

<< Viene de página anterior

https://redirectoronline.com/ifct028po0501

Normalmente, cuando un usuario se conecta a internet e interactúa con otros usuarios a través de las redes sociales, lo hace despojándose de parte de su identidad del 'mundo real', asumiendo un modo de comportamiento diferente, sino en todo, al menos sí en parte. Es de esa manera como se conforma la **personalidad digital** de una persona.

Básicamente existen cinco tipos de personalidades digitales. A continuación, explicaremos sus **características** principales:

Comunicadores amplios
- Son aquellos usuarios que tienen un amplio conocimiento del mundo digital y de las redes sociales, y que comparten habitualmente contenidos o incluso los generan: artículos de opinión, fotos, vídeos, etc. Se trata de usuarios que comparten su información e interactúan habitualmente con las empresas esperando descuentos u ofertas promocionales.

Participantes básicos
- Son usuarios que, básicamente, buscan interactuar con otros usuarios a través de las redes sociales. Normalmente suelen buscar en internet información sobre productos y/o servicios, aunque habitualmente no compran *online* sino que efectúan las compras en tiendas físicas.

Exclusivamente compradores
- Son usuarios que utilizan internet para comprar productos y/o servicios o investigar sobre ellos. Suelen realizar comparativas de precios, buscando las mejores ofertas.

Continúa en página siguiente >>

<< Viene de página anterior

Usuarios pasivos

- Se trata de usuarios que tienen perfiles en las redes sociales, pero que apenas los utilizan. No suelen utilizar internet para investigar acerca de productos o servicios.

Guardianes proactivos

- Es un tipo de usuario al que no le gusta que las marcas o las empresas interactúen con él en las redes sociales, y no suele hacer mucho caso a las campañas de *marketing*. Se trata de un usuario muy celoso de sus datos personales en internet, al que le gusta evitar que sean utilizados por las empresas para recibir ofertas publicitarias.

Por otra parte, la Organización para la Cooperación y el Desarrollo Económicos (OCDE) ha descrito las principales características que tiene cualquier identidad digital. Las explicaremos a continuación:

- **Social:** se crea navegando en las redes sociales, obteniendo por ello el reconocimiento de los demás usuarios aunque la identidad mostrada no sea real.
- **Subjetiva:** se refiere a la imagen que los demás perciben de un usuario en las redes sociales mediante los contenidos que comparte o genera, o las interacciones que lleva a cabo.
- **Valiosa:** algunas empresas utilizan internet, en general, y las redes sociales, en particular, para investigar sobre la identidad digital de posibles candidatos para trabajar en la empresa.
- **Indirecta:** en ocasiones no es posible conocer a una persona directamente a través de internet, pero sí es probable que haya referencias a esa persona publicadas por otros usuarios.
- **Compuesta:** la identidad digital se conforma gracias a las aportaciones que realizan para su construcción tanto la persona en sí misma como el resto de usuarios.
- **Real:** es preciso tener en cuenta que la identidad digital puede tener repercusión en el mundo 'real', y que esta repercusión puede ser positiva o negativa.
- **Contextual:** es preciso valorar la necesidad de tener o no identidades digitales separadas: una identidad digital para la parte más personal y otra para la laboral.
- **Dinámica:** la identidad digital cambia constantemente en función del uso que un usuario haga de internet y/o las redes sociales, y de los contenidos u opiniones que sobre ese usuario genere el resto de la comunidad.

La hiperconectividad de la sociedad actual hace que, continuamente, estemos realizando acciones en internet que dejan una huella digital.

3. Creación de un perfil digital profesional

☞ HILO CONDUCTOR

María ya tiene claro qué es una identidad digital. Ahora se ha decidido a crear un perfil digital profesional, pero, ¿cómo conseguirlo?

https://redirectoronline.com/ifct028po0502

En la actualidad tener un **perfil digital profesional** es tan necesario como lo era tener un buen *curriculum vitae* en papel a finales del siglo XX y comienzos del XXI. Las empresas valoran especialmente que sus empleados sepan utilizar las nuevas tecnologías de la información para sacarles el mayor partido posible.

Gracias a internet la información fluye con suma rapidez y está al alcance de miles de millones de usuarios en todo el mundo. Así, los responsables de personal de las empresas pueden comparar fácilmente a unos candidatos con otros, sin necesidad de realizar entrevistas de trabajo. De esta manera, a través de internet y, especialmente, de las redes sociales, es posible que las empresas tengan una **impresión general de cómo son los candidatos** en su día a día y cómo se sienten en el mundo digital.

SABÍAS QUE...

Internet facilita que las empresas se pongan en contacto con los trabajadores de modo proactivo, sin necesidad siquiera de que los trabajadores se hayan mostrado interesados en trabajar en la empresa en cuestión. Esto es una ventaja para los trabajadores, ya que pueden negociar con más facilidad sus condiciones laborales, pero también representa una desventaja: las empresas pueden tener acceso a su 'vida digital' sin apenas dificultades.

Para bien o para mal, todo lo que hacemos en internet deja una **huella digital.** Y esto incluye buscadores, páginas webs, aplicaciones de telefonía móvil, redes sociales, etc. Esta huella digital es complicada de borrar y muy sencilla de rastrear por parte de las empresas.

Si una empresa decide seguir la huella digital de un candidato o incluso de un empleado, podrá ver con facilidad cómo interactúa, en qué círculos sociales se mueve, qué piensa sobre determinados aspectos sociales o políticos, qué consume, qué aficiones tiene, etc. Por todo ello, es más que necesario tener un **perfil digital profesional adecuado.**

NOTA

En internet existe el llamado ***derecho al olvido*** que consiste, en líneas generales, en pedir el borrado de información personal a los buscadores, redes sociales, etc. En este enlace encontrarás más información:

https://redirectoronline.com/ifct028po0403

Uno de los objetivos de crear un perfil profesional digital es **aumentar la visibilidad de los conocimientos** que el usuario tiene sobre su profesión. No solo es necesario ofrecer información básica, es decir, la que se suele poner en un currículum vítae. Se trata de **posicionarse como experto** en el sector en cuestión.

De esta manera, es preciso llamar la atención de los usuarios adecuados (empresas, reclutadores de talento, directivos...) creando una red de contactos profesionales lo más fuerte posible. El objetivo es crear una comunidad profesional fuerte e interesante para el usuario. Esto se puede conseguir a través de las redes sociales, especialmente de *LinkedIn,* como veremos más adelante en esta unidad.

LinkedIn es la red social más apropiada para realizar negocios o proyectar una imagen profesional en internet. (© Fotografía: PK Studio / Shutterstock.com)

Además de promocionarse a través de las redes sociales, es preciso dar una imagen profesional adecuada. Por ejemplo, recomendamos usar como imagen de perfil una fotografía de frente, que refleje la personalidad real de la persona y en la que se vea bien su rostro. Lo ideal es utilizar una imagen tipo carnet de identidad.

 **DEFINICIÓN**

Imagen de perfil
Fotografía que representa a los usuarios de las redes sociales y que aparece junto a su nombre de usuario cada vez que comparten un contenido.

Ejemplo de la imagen de perfil de un usuario en las redes sociales, en este caso LinkedIn

En la información del perfil del usuario, en cada red social, es recomendable poner el **estado laboral** y cambiarlo cuando las prioridades de búsqueda de empleo cambien. También es aconsejable indicar los **idiomas** que se dominan y poner los **objetivos e intereses profesionales** que nos marquemos. De esta forma, los contactos que visualicen nuestro perfil sabrán mejor los objetivos, metas y habilidades profesionales que tenemos.

Por otra parte, es vital incluir información de contacto, para que las empresas o reclutadores de talento puedan contactar con nosotros en caso de que lo consideren oportuno.

 **CONSEJO**

Además de compartir contenidos, es muy importante interactuar con la comunidad haciendo comentarios en sus propios contenidos, o incluso compartiéndolos.

4. El *blog* profesional

☞ **HILO CONDUCTOR**

María considera que una de las herramientas que más pueden ayudarla a construir una personalidad digital profesional es un *blog*. Pero, ¿servirá cualquier *blog*? ¿Qué contenidos deberá compartir?

https://redirectoronline.com/ifct028po0503

Construir un **blog profesional** es una buena manera de contribuir a desarrollar una identidad profesional potente en internet. Como ya vimos en este mismo curso, existen diversas plataformas que te permitirán crear fácilmente un *blog*: *WordPress, Blogger* o *Wix* son las más utilizadas.

Para que un *blog* profesional tenga éxito, es necesario seguir una estrategia adecuada, tener conocimientos tanto del entorno digital como del segmento profesional sobre el que se vayan a compartir contenidos, dedicarle tiempo y esfuerzo y, muy especialmente, trazar una hoja de ruta en cuanto a los contenidos a compartir en él.

Lo ideal es que el *blog* esté alojado en un hosting y un dominio de pago, evitando así que la URL del *blog* acabe en *.wordpress.com* o *.blogger.com*, por ejemplo. Los dominios gratuitos tienen varias **desventajas** a la hora de alojar en ellos *blogs* profesionales, estas son las principales:

No tenemos la propiedad del *blog*. Este, realmente, pertenecería a la plataforma de *blogging: Wordpress, Wix*, etc.,por lo que, incluso, podría ser eliminado sin previo aviso.

Continúa en página siguiente >>

<< Viene de página anterior

> Será más difícil diferenciarte de la competencia de tu sector, debido a sus escasas posibilidades de diseño y adaptación.

> Las funcionalidades del *blog* serán escasas, dado que normalmente no se podrán instalar *plugins* o *widgets*, ni se podrá rediseñar gran parte del *blog*.

SABÍAS QUE...

El 95 % de los *blogs* se abandonan en menos de 1 año, por falta de tiempo para actualizarlos o de interés.

Otro aspecto a tener en cuenta para desarrollar un *blog* profesional es que **hay que dedicarle tiempo al diseño.** Debe ser lo más original posible, por lo que recomendamos huir de las plantillas gratuitas que ofrecen las plataformas de *blogging.* Sí es buena idea comprar una plantilla de pago o recurrir a los servicios de un diseñador web para que diseñe el *blog* por nosotros.

También es necesario tener una estructura clara de los objetivos profesionales que se quieren conseguir con el *blog*. Habrá que diseñar una hoja de ruta en la que se tengan en cuenta los siguientes aspectos:

> **Objetivos**
> - Deben marcarse objetivos a corto, medio y largo plazo. Han de ser realistas, medibles y cuantificables.

> **Estrategias**
> - Es preciso desarrollar estrategias concretas para cada objetivo.

> **Tácticas**
> - Deben aplicarse para desarrollar cada estrategia y conseguir los objetivos marcados.

ACTIVIDAD COMPLEMENTARIA

8. Busca en internet tres *blogs* de empresas de tu ciudad. ¿Crees que le sacan el mayor rendimiento posible a su *blog* profesional?

También es recomendable tener en **cuenta técnicas de posicionamiento SEO** para conseguir que el *blog* salga lo más arriba posible en las búsquedas de los usuarios en *Google* y otros motores de búsqueda. Lo ideal es escribir utilizando técnicas de SEO y crear contenido específico para SEO. De esta manera podrás mejorar la posición del *blog* en los buscadores y captar tráfico *online* cualificado: potenciales clientes o empresarios interesados en tus servicios.

 VÍDEO

Te animamos a ver el siguiente vídeo, en el que aprenderás diversas técnicas de redacción SEO para conseguir que los contenidos de tu *blog* tengan un mejor posicionamiento en los buscadores:

https://redirectoronline.com/ifct028po0404

Por otra parte, también es preciso desarrollar una estrategia adecuada de **social media marketing.** Las redes sociales son una vía muy apropiada para captar clientes o alianzas empresariales, y son muy adecuadas para difundir los contenidos del *blog*. Para ello, lo ideal es crear una planificación mensual, trimestral o semestral de los contenidos que van a redactarse para el *blog* y de cuándo es el mejor momento para compartirlos en las redes sociales.

A la hora de crear un *blog* profesional, muchas personas cometen el error de buscar la perfección en el mismo y nunca les parece un buen momento para comenzar a compartir contenidos y difundirlos en sus redes sociales. Lo ideal es lanzar el *blog* en cuanto esté mínimamente presentable, e ir mejorándolo poco a poco basándose, además, en el *feedback* que se obtenga por parte de los usuarios.

De hecho, este *feedback* es esencial para desarrollar la **estrategia de contenidos del *blog*,** ya que es necesario identificar las necesidades reales de los clientes potenciales e ideales, y ofrecer en el *blog* contenido de calidad que cubra dichas necesidades.

Por otra parte, es necesario medir los resultados que se obtengan con el *blog*. Es necesario analizar estadísticamente diversos aspectos, fundamentalmente los siguientes: cómo se capta el tráfico (desde dónde llegan los usuarios: redes sociales, *Google...*), cuántos usuarios visitan el *blog* y qué hacen en él. Para ello, es necesario utilizar alguna herramienta de analítica web, como *Google Analytics*. Es la mejor forma de sacar conclusiones y tomar decisiones acerca del *blog* profesional.

 PARA SABER MÁS

Te animamos a ver el siguiente vídeo, en el que aprenderás conceptos básicos sobre *Google Analytics:*

https://redirectoronline.com/ifct028po0405

TAREA 11

Guillermo es el propietario de una empresa de informática de Jaén que quiere comenzar a promocionar su negocio a través de un *blog*.

Explica detalladamente los pasos que debería seguir para conseguirlo.

----

5. Perfil en redes

☞ HILO CONDUCTOR

María ya ha comenzado a trabajar los contenidos de su *blog* profesional. Ahora quiere dar el siguiente paso y desembarcar profesionalmente en las redes sociales. ¿Cuáles serán las más adecuadas para ello?

https://redirectoronline.com/ifct028po0504

Cuando un usuario quiere potenciar su imagen profesional en internet, lo ideal es que utilice las **redes sociales** para ello. De esta forma, es recomendable seleccionar la red social más adecuada para el tipo de empleo que se tenga o al que se quiera aspirar.

Cualquier red social puede utilizarse para posicionarse como experto en un sector profesional, pero la más adecuada para ello es **LinkedIn.** Se trata de una red de carácter profesional, usada por las empresas para captar socios potenciales, establecer alianzas o seleccionar personal cualificado.

LinkedIn es una red social muy eficaz para crear una red de contactos profesionales, de potenciales clientes o incluso de trabajadores que quieran formar parte de una empresa. Y es muy interesante para hacer negocios, a causa del elevado número de empresas B2B y de directivos o empresarios que la usan con esta finalidad.

 ACTIVIDAD COMPLEMENTARIA

9. Busca en *LinkedIn* dos empresas de tu ciudad, dos nacionales y una multinacional. ¿Qué diferencias encuentras en el uso que hacen unas u otras de esta red social?

Es necesario tener unos objetivos muy claros en *LinkedIn:* alcanzar un número de seguidores determinado, usarla como canal de atención al cliente, conseguir datos de contacto, aumentar el tráfico hacia la web o el *blog* profesional, etc.

 CONSEJO

LinkedIn es una red de marcado carácter profesional, por lo que el contenido que se comparta en esta red debe tener una gran calidad desde el punto de vista empresarial y ofrecer valor añadido a la comunidad de seguidores, que probablemente tenga también una alta cualificación laboral.

Es vital **actualizar periódicamente los contenidos** en *LinkedIn*. No conseguir una presencia activa en esta red profesional puede proyectar una imagen profesional de dejadez. Y lo mismo ocurrirá si no se responden rápidamente los comentarios o mensajes de los usuarios.

Por otra parte, al igual que con el *blog*, es muy importante monitorizar los resultados en *LinkedIn* a través de herramientas de analítica web. Para ello, primero, será necesario marcarse una serie de objetivos, teniendo en cuenta los siguientes aspectos:

Público objetivo	Interacción con la comunidad	Estrategia
¿A quién debes dirigir tus mensajes?	¿Con quién quieres interactuar y cómo?	¿Cómo potenciar la imagen de tu empresa en *LinkedIn*?

Es muy importante conocer a quién debemos dirigir nuestros mensajes en *LinkedIn*. Para ello, es necesario reflexionar sobre qué objetivos quieren conseguirse en esta red social.

 PARA SABER MÁS

Accede al siguiente enlace en el que podrás ver cómo realizar adecuadamente una estrategia de establecimiento de marca personal en *LinkedIn*:

https://redirectoronline.com/ifct028po0406

No vale con publicar cualquier tipo de contenido. No es adecuado hacerlo, desde un punto de vista profesional, en ninguna red social. Pero menos en *LinkedIn*. Aquí los objetivos deben ser, básicamente, **mejorar la red de contactos profesionales y potenciar nuestro perfil profesional.** Si se hace bien, las ventas o las nuevas oportunidades laborales deberían llegar tarde o temprano.

 **EJEMPLO**

Imagina que quieres establecer alianzas con otros profesionales que trabajen en empresas grandes dentro de tu sector profesional. De esta manera, deberás enfocar tus mensajes a ese sector resaltando tus características profesionales y la posibilidad de realizar colaboraciones con empresas.

En *LinkedIn* existen, básicamente, cuatro tipos de público objetivo al que nos podemos dirigir desde un punto de vista profesional:

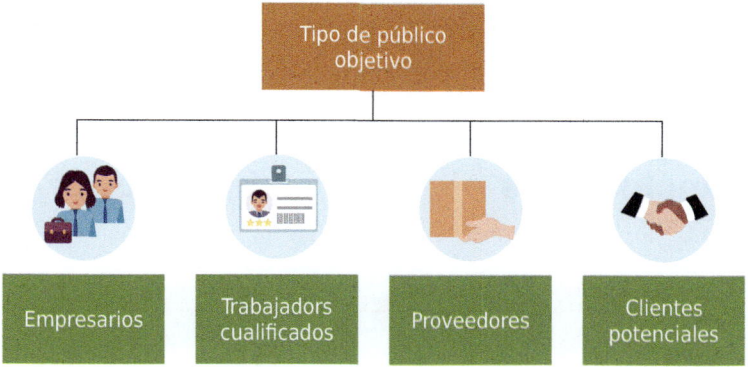

Por último, es preciso recordar que lo ideal es compartir **contenido de calidad** con la comunidad y debatir con ella. Una buena manera de conseguirlo es participando en los grupos de *LinkedIn,* comunidades de debate que tienen un tono muy profesional y son ideales para establecer alianzas o realizar negocios.

 PARA SABER MÁS

Te animamos a ver el siguiente vídeo, en el que se hace introducción a qué son los grupos de *LinkedIn* y cómo comenzar a utilizarlos:

Continúa en página siguiente >>

<< Viene de página anterior

https://redirectoronline.com/ifct028po0407

 TAREA 12

Cristina tiene un pequeño negocio de restauración en su Sevilla natal y acaba de abrir un perfil en *LinkedIn*. ¿Qué consejos de comunicación le darías?

----

6. Conclusiones

☞ HILO CONDUCTOR

María cree que ya sabe lo suficiente como para comenzar a desarrollar su personalidad digital en internet de una forma profesional. ¿Le habrán quedado claros todos los conceptos?

https://redirectoronline.com/ifct028po0505

Para tener una personalidad digital eminentemente profesional, es preciso **cuidar los contenidos y comentarios** que compartimos en las redes sociales. Todo lo que hacemos en internet deja una huella, por lo que es preciso andar con mucho cuidado si queremos reflejar una imagen profesional potente en internet.

Para conseguirlo, lo ideal es utilizar las redes sociales de un modo eminentemente profesional. Lo recomendable es no emitir en las redes sociales juicios de valor acerca de asuntos políticos o sociales, ni compartir aspectos de nuestra vida personal que puedan perjudicarnos en un ámbito puramente profesional.

Una de las maneras más adecuadas para crear una personalidad digital profesional es crear un **blog profesional** y compartir en él contenido de calidad para la comunidad. El *blog* debe ser profesional, tener un aspecto cuidado y una actualización regular en el tiempo. Además, debemos establecer una serie de objetivos que queramos conseguir con él y, por supuesto, medirlos mediante herramientas de analítica web.

Por otra parte, también es muy importante utilizar las redes sociales para potenciar **nuestra imagen profesional.** La red social más adecuada para ello es *LinkedIn,* ya que se trata de una red social de marcado carácter profesional, ideal para los negocios o para impulsar una carrera laboral. No obstante, es recomendable mantener una imagen profesional en el resto de redes sociales, separando al máximo posible los aspectos íntimos del ámbito profesional.

 **APLICACIÓN PRÁCTICA**

Andrea está buscando impulsar su carrera laboral en el mundo de los seguros a través de *LinkedIn*. Comparte contenido de calidad habitualmente e interactúa mucho con sus contactos, creando una gran comunidad con la que habla de muchas cosas: trabajo, ocio saludable, cultura, política, etc.

¿Crees que Andrea utiliza *LinkedIn* de la forma adecuada?

Continúa en página siguiente >>

<< *Viene de página anterior*

Solución

Aunque lo recomendable en *LinkedIn* es tratar temas exclusivamente profesionales, para crear comunidad no es desaconsejable hablar con los contactos sobre cultura, trabajo u ocio saludable. Sin embargo, desaconsejamos hablar de política por las fricciones o desapegos que esto puede generar.

---

7. Resumen

Cuando un internauta interactúa con otros mediante las redes sociales se desprende de parte de su personalidad 'real', construyendo una personalidad diferente al menos en algunos aspectos. El comportamiento de una persona en internet conforma la personalidad digital de una persona.

Estas son las principales características que tiene cualquier identidad digital:

Por otra parte, es preciso dejar claro que todo lo que se hace en internet deja una huella digital que es complicada de borrar y que es fácilmente rastreable por las empresas. Por ello, si se quiere tener un perfil digital totalmente profesional, es recomendable compartir y emitir contenidos y opiniones únicamente profesionales, especialmente en las redes sociales o en los *blogs*.

Precisamente son los *blogs* una de las herramientas más utilizadas para crear un perfil digital profesional. Sin embargo, lo recomendable es trazar una hoja de ruta especificando los objetivos que se quieren conseguir con él, y las tácticas y estrategias para llevarlos a cabo. Estos objetivos deben fijarse a corto, medio y largo plazo y han de ser realistas, medibles y cuantificables.

Por otro lado, quienes quieran potenciar su imagen profesional en internet deberán utilizar las redes sociales para ello. La red social más adecuada para conseguirlo es *LinkedIn,* una red social de marcado carácter profesional, utilizada por las empresas para captar socios, tejer alianzas o hacer selecciones de personal.

En *LinkedIn* es necesario marcarse una serie de objetivos, teniendo en cuenta los siguientes aspectos:

Ejercicios de autoevaluación
Unidad de Aprendizaje 5

1. ¿Qué tipo de personalidades digitales existen?

    a. Comunicadores amplios, participantes básicos, exclusivamente compradores, usuarios pasivos, guardianes proactivos.
    b. Prosumidores y consumidores.
    c. Prosumidores, consumidores y creadores de contenido.
    d. Comunicadores básicos, participantes básicos, exclusivamente compradores y prosumidores.

2. Indica si la siguiente afirmación es verdadera o falsa: La huella digital de un usuario en internet se puede eliminar fácilmente.

    ■ Verdadero
    ■ Falso

3. ¿Cuál es uno de los objetivos principales de crear un perfil profesional digital?

    a. Aumentar el número de seguidores en las redes sociales.
    b. Mejorar la cuenta de resultados de la empresa.
    c. Aumentar los contactos del usuario en cuestión.
    d. Aumentar la visibilidad de los conocimientos que el usuario tiene sobre su profesión.

4. ¿Cuál es la red social más apropiada para tratar temas profesionales?

    a. *LinkedIn*
    b. *WordPress*
    c. *Facebook*
    d. *Instagram*

5. ¿Qué entendemos por imagen de perfil?

    a. Es la imagen de portada de las páginas de empresa en las redes sociales.
    b. Es el logotipo de una empresa en su página web.

    c. Es una fotografía que representa a los usuarios de las redes sociales y que aparece junto a su nombre de usuario cada vez que comparten un contenido.

    d. Es una fotografía que representa a los usuarios de las redes sociales que no aparece cuando se comparte un contenido.

6. ¿Es recomendable poner el estado laboral en las redes sociales?

    a. Sí, y cambiarlo cuando las prioridades de búsqueda de empleo cambien.

    b. No, en ningún caso.

    c. Sí, y no cambiarlo nunca ya que daría sensación de inseguridad.

    d. Sí, pero únicamente en *LinkedIn*.

7. ¿Para qué es importante introducir información de contacto en las redes sociales?

    a. Para que las empresas o reclutadores de talento puedan contactar con nosotros en caso de que lo consideren oportuno.

    b. Para recibir mensajes privados.

    c. Para que los clientes puedan contactarnos a través de ellas.

    d. La afirmación es falsa, no es importante introducir información de contacto en las redes sociales.

8. Para que el diseño de un *blog* sea lo más original posible, ¿de qué es recomendable huir?

    a. De las plantillas gratuitas de las plataformas de *blogging*.

    b. De *WordPress*.

    c. De utilizar un *hosting* gratuito.

    d. De las plantillas de pago de las plataformas de *blogging*.

9. ¿Cómo deben ser los objetivos que se marquen en un *blog*?

    a. A corto, medio y largo plazo. Deben ser realistas, medibles y cuantificables.

    b. Realistas, medibles y conseguibles.

    c. A corto plazo y conseguibles.

    d. Fácilmente identificables.

10. **¿Cuál es una de las mejores maneras de fomentar el debate con la comunidad en *LinkedIn*?**

    a. Participando en los grupos de *LinkedIn*.
    b. Escribiendo contenido de calidad.
    c. Creando campañas de publicidad en la plataforma publicitaria de *LinkedIn*.
    d. Hablando de asuntos polémicos.

Herramientas de comunicación y *networking* para uso profesional

Contenido

Objetivos

El objetivo general de esta Unidad de Aprendizaje es:

→ Conocer las principales herramientas de comunicación y existentes en el mercado y cómo aplicarlas en el mundo laboral.

Los objetivos específicos de esta Unidad de Aprendizaje son:

→ Determinar el tipo de *networking* más apropiado para una trabajadora de una pequeña empresa española.

→ Indicar qué redes sociales profesionales debería usar una pyme para mejorar su red de contactos profesionales.

1. Introducción

Las empresas que quieran potenciar su comunicación y *networking* pueden hacer uso de diversas herramientas y poner en práctica varias estrategias en el ámbito digital. No obstante, es necesario tener una **estrategia clara y definida,** y diseñar las estrategias necesarias para conseguir los resultados deseados.

A través de una correcta estrategia de *networking online* las empresas pueden ampliar su red de contactos profesionales, mejorar su imagen de marca, hacer negocios y, en definitiva, mejorar sus ingresos y su reputación en su sector.

En esta unidad aprenderemos aspectos básicos sobre las principales herramientas de comunicación y *networking* para uso profesional que pueden utilizar las empresas y los trabajadores. Lo haremos basándonos en el caso de María, propietaria de Electrodomésticos Sánchez, una pequeña empresa que quiere mejorar su *networking* y su comunicación en internet.

2. *Networking*

 **HILO CONDUCTOR**

A María le parece una buena idea que Electrodomésticos Sánchez amplíe su red de contactos profesionales. Para ello, cree conveniente potenciar el llamado *networking*. ¿En qué consistirá?

https://redirectoronline.com/ifct028po0601

Cuando hablamos de *networking,* en el ámbito laboral, estamos haciendo referencia a una serie de **acciones sociales y económicas** en las que las empresas, los profesionales, los trabajadores y los denominados emprendedores se reúnen para hablar, debatir o establecer contactos profesionales. A través del *networking* se pueden crear y desarrollar oportunidades de negocio, compartir información de valor y captar posibles clientes o aliados empresariales.

El *networking* comenzó a ganar importancia en el ámbito empresarial desde la segunda mitad del siglo XX. Desde comienzos del siglo XXI, paulatinamente, se ha convertido en una parte más del trabajo de captación de contactos por parte de las empresas. Una de las razones de este auge del *networking* es la crisis de credibilidad de la publicidad, lo que lleva a las empresas B2B a personalizar las relaciones con potenciales clientes.

Existen dos tipos principales de *networking* en el ámbito de los negocios. A continuación, explicaremos sus características fundamentales:

Networking estratégico	*Networking* operacional
- Se trata de establecer contactos de carácter puramente empresarial y de modo transversal (empleados, directivos…), que pueden ser potenciales clientes o aliados de una empresa en el futuro.	- Es una estrategia de generación de contactos e intercambio de conocimiento entre los propios trabajadores de una empresa, y suele utilizarse en empresas grandes o multinacionales. El objetivo es mejorar la coordinación y la cooperación entre los diversos miembros de una empresa, para mejorar los flujos de trabajo, el desarrollo de proyectos o de procesos empresariales.

El *networking* es una actividad que suele realizarse, físicamente, en diversos eventos y espacios: charlas, conferencias, debates, ferias, congresos, etc. Suele ser una actividad de bajo coste, incluso gratuito, por lo que la relación coste-beneficio para las empresas suele ser muy elevada.

Desde finales del siglo XX, con la popularización de internet, el *networking* también puede hacerse *online* a través de videoconferencias, correo electrónico, redes sociales o aplicaciones de mensajería instantánea.

Los eventos de networking son muy importantes para reforzar los contactos y ampliar alianzas empresariales. (© Fotografía: PK Studio / Shutterstock.com)

En contra de lo que pueda parecer, el *networking* no es una acción exclusiva de empresarios o emprendedores. Los trabajadores también pueden hacer *networking* para mejorar sus conocimientos, sus relaciones profesionales o incluso optar a una mejora laboral. Y también pueden hacerlo las personas desempleadas, ya que a través de estas acciones pueden conocer nuevas ofertas laborales.

 IMPORTANTE

La mayor parte de las ofertas laborales no se conocen públicamente, y la mayoría de los puestos de trabajo se cubren por referencias o recomendaciones. Así, ampliar la red de contactos profesionales puede ser muy beneficioso para cualquiera.

- -

El *networking* no puede hacerse de cualquier manera. Hay que desarrollar una **estrategia previa y posterior** a las acciones de *networking* que se vayan a realizar. A continuación, explicaremos algunos consejos básicos para afrontar el *networking* con garantías de éxito:

● **Orienta tus perfiles en redes sociales profesionalmente:** es necesario dar una imagen profesional en las redes sociales. Recomendamos incluir las palabras clave más características de tu sector en la bio o en la descripción de usuario. Deberás compartir contenido de calidad, que aporte valor a la comunidad. Y también tendrás que interactuar con la comunidad, seguir los *hashtags* más relevantes del sector y participar en ellos.

Extracto de la bio del usuario de X Héctor Mendal, en el que se remarcan los hashtags 'comunicación', 'marketing', 'micropymes' y 'autónomos'.

- ⮑ **Crea un elevator *pitch*:** se trata de una técnica que consiste en preparar un discurso que desgrane la idea de tu empresa, tu producto o servicio, o tu trayectoria profesional muy brevemente –de la duración de una conversación de ascensor, aproximadamente–. Este breve discurso puede servir como introducción en eventos de *networking* o en charlas con otros profesionales.
- ⮑ **Tarjetas de visita:** entregar tarjetas de visita siempre es positivo para reforzar los vínculos tras una conversación. En ellas deben aparecer las vías de contacto y los servicios que se ofrecen. El diseño y la calidad deben ser óptimos, ya que se trata de una buena carta de presentación.

Tras asistir a un evento de *networking* es necesario organizar los contactos recogidos clasificándolos. Y también habrá que interactuar con ellos después a través de las redes sociales, el *e-mail* o el teléfono, y hacer un seguimiento de las interacciones que se vayan produciendo. Solo de esta manera se conseguirá el objetivo final de cualquier acción de *networking*: **hacer crecer la red de contactos profesionales.**

PARA SABER MÁS

En este enlace puedes conocer varios trucos para romper el hielo al hacer *networking* empresarial:

https://redirectoronline.com/ifct028po0408

 TAREA 13

Laura trabaja en una consultoría energética de Madrid y quiere ampliar su red de contactos y sus conocimientos profesionales. ¿Qué tipo de *networking* debería hacer?

---

3. Redes sociales de amistad

 HILO CONDUCTOR

Uno de los aspectos fundamentales de la comunicación digital de las empresas es utilizar bien las redes sociales. María sabe que existen muchas redes sociales especialmente indicadas para hacer amigos, pero no tiene muy claro si también pueden servirle para alcanzar sus objetivos de negocio.

Continúa en página siguiente >>

<< Viene de página anterior

https://redirectoronline.com/ifct028po0602

La mayor parte de las redes sociales tienen un uso relacionado con el ocio y sirven fundamentalmente para hacer amistades. Su funcionamiento es muy similar entre sí. A continuación, explicaremos las características de las principales redes sociales que suelen utilizarse para forjar relaciones de amistad:

- **Tinder:** es una red social propicia para hacer amigos y conocer nuevas personas, aunque muchos usuarios la utilizan para encontrar pareja. Permite configurar los gustos y preferencias de los usuarios a la hora de establecer nuevas amistades.
- **Badoo:** es una aplicación muy utilizada a nivel mundial, por lo que es ideal para hacer amistades con personas de otros países. Al igual que *Tinder,* permite segmentar a los usuarios y encontrar personas que encajen con nuestros gustos, preferencias y personalidad.
- **POF *(Plenty of fish):*** es una aplicación y sitio web de citas en línea gratuita, enfocado en establecer relaciones más auténticas, evitando los filtros en las fotos y permitiendo emisiones en vivo.
- **MeetMe:** es otra red social muy útil para encontrar personas con los mismos intereses. Para conseguirlo, la herramienta propone al usuario realizar un pequeño test, mediante el que basará las sugerencias de perfiles a los que enviar peticiones de amistad.
- **Facebook:** es la red social más popular y puede utilizarse tanto para hacer nuevas amistades como para potenciar la imagen de una empresa. Mediante *Facebook* es posible conocer a múltiples personas, a las que únicamente habrá que enviar una petición de amistad y entablar contacto con ellas. Además, a través de los contactos se puede conocer a otros usuarios por lo que es muy apropiada para aumentar un círculo social.
- **Instagram:** es una red social basada principalmente en la imagen, especialmente en fotografías y vídeos de menos de un minuto de duración. Permite conocer nuevas personas e interactuar con ellas, aunque no es muy recomendable para establecer relaciones de amistad excesivamente complejas.

ACTIVIDAD COMPLEMENTARIA

10. Ábrete una cuenta en una de las redes sociales de amistad vistas en esta unidad. ¿Crees que pueden servirte para conseguir alguna mejora en el mundo laboral? Comenta tus impresiones con tus compañeros/as en el foro de la unidad.

4. Redes sociales profesionales

☞ **HILO CONDUCTOR**

María ya ha comprobado que la mayor parte de las redes sociales de amistad no le servirán de mucho para potenciar su red de contactos profesionales, así que se ha decidido a investigar más sobre las redes sociales puramente profesionales.

https://redirectoronline.com/ifct028po0603

Las redes sociales profesionales son las que se enfocan casi en su totalidad al **ámbito empresarial o comercial.** En este tipo de redes sociales se pueden hacer conexiones profesionales, facilitando los negocios entre empresas, inversores o aliados estratégicos. Se trata del escaparate perfecto para los profesionales y las empresas que hagan negocios con otras empresas.

LinkedIn tiene más de 830 millones de usuarios y es la red social profesional más utilizada del mundo. (© Fotografía: 13_Phunkod / Shutterstock.com)

 **IMPORTANTE**

Es necesario estar activo en estas redes sociales, para lo que es preciso interactuar con la comunidad, generar y compartir contenido de valor recurrentemente.

Como ya hemos explicado anteriormente, la red social profesional más interesante y utilizada del mundo es *LinkedIn.* No obstante, existen otras redes sociales profesionales que pueden utilizar las empresas o los trabajadores. A continuación, explicaremos cuáles son y sus características principales:

● **Viadeo:** fundada en 2004, es una red social en la que se puede mostrar un *curriculum vitae online,* participar en grupos de emprendedores o empresarios, etc.; ofrece la opción de subir anuncios para ofrecer o buscar empleo.

● **Xing:** creada en Alemania en 2003, sirve principalmente para gestionar contactos y hacer conexiones entre profesionales de diversos sectores. Permite interactuar en grupos temáticos o foros, tiene un apartado de ofertas de empleo y otro de eventos. Además, permite a las empresas crear las llamadas 'páginas de empresa', mediante las que pueden interactuar con la comunidad.

● **Womenalia:** es la primera red social profesional del mundo para mujeres profesionales. Sirve para poner en contacto a mujeres que tengan intereses profesionales similares. Su misión es potenciar la visibilidad de la mujer en el mundo empresarial, apostando por el emprendimiento y facilitando el acceso a puestos de alta dirección de las empresas. Permite establecer una amplia red de contactos, asistir a eventos de *networking,* consultar una guía de compras, un portal de empleo, *blogs,* contenidos de calidad, etc.

- **Yammer:** es una red de *microblogging,* similar a *X* pero en el ámbito empresarial. Es muy recomendable para mejorar la comunicación dentro de una empresa, fomentando la interacción y la colaboración entre los miembros de un mismo equipo. Permite agilizar procesos de comunicación interna, especialmente en empresas grandes, evitando acciones tradicionales como enviar *e-mails* o tener reuniones presenciales.

- **Gust.com:** es una red social enfocada a empresas emergentes –*startups*–. Es muy recomendable para encontrar apoyos financieros a la hora de emprender un nuevo proyecto empresarial.

- **Slack:** se trata de una aplicación colaborativa que permite fomentar el trabajo en equipo dentro de una empresa. Se pueden crear canales para proyectos específicos, actos u otros asuntos relevantes para una empresa. Además, facilita que los usuarios puedan integrarse en canales de otras empresas, por lo que también fomenta el *networking* entre empresas.

APLICACIÓN PRÁCTICA

Laura está utilizando *Yammer* para obtener nuevos contactos profesionales, tratando de hacer *networking* operacional en esta red social. ¿Crees que Laura utiliza *Yammer* de la forma adecuada?

Solución

Yammer es una red social que permite mejorar el trabajo en equipo dentro de una misma empresa, fomentando la interacción y la colaboración entre miembros de un mismo equipo. Sin embargo, por estas mismas propiedades, no es recomendable para hacer nuevos contactos profesionales.

- -

TAREA 14

Eneko es el propietario de una distribuidora de calzado ecológico de Bilbao y quiere comenzar a distribuir sus calzados en toda España. ¿Qué redes sociales le recomiendas para mejorar su red de contactos profesionales?

- -

5. *Lifestreaming*

☞ **HILO CONDUCTOR**

A María le gustaría que todas sus redes sociales pudiesen ser consultadas en una sola web. Investigando en internet ha encontrado una técnica que desconocía: *lifestreaming.* ¿En qué consistirá?

https://redirectoronline.com/ifct028po0604

Los internautas usan múltiples canales *online* para subir su contenido: imágenes, vídeos, *posts,* enlaces, música, etc. Así, su actividad en internet queda desperdigada por diversas webs. Para solucionarlo, a comienzos de la década de 2010, surgieron los denominados servicios de *lifestreaming,* aplicaciones que permiten a los usuarios agrupar sus acciones digitales y compartir sus contenidos en una sola página web. Se trata de los llamados **agregadores de contenidos**.

Cuando surgieron, muchas empresas los utilizaban para enviar a sus contactos todos los contenidos que compartían en webs, redes sociales, etc. Sin embargo, con la explosión de las redes sociales, esta tendencia cambió, ya que la mayor parte de los usuarios ya no se informan visitando páginas web, sino que lo hacen a través de las redes sociales. De esta forma, la mayor parte de estos agregadores de contenidos cayeron en desuso y en la actualidad prácticamente no se utilizan en el ámbito empresarial.

👁 **EJEMPLO**

Google Reader, uno de los agregadores RSS más utilizados, dejó de funcionar hace algunos años. *Feedly* es una de las herramientas que puedes utilizar como lector de RSS.

Continúa en página siguiente >>

<< Viene de página anterior

Aquí puedes leer la explicación de la compañía al respecto:

https://redirectoronline.com/ifct028po0409

---

6. Conclusiones

☞ **HILO CONDUCTOR**

María ya tiene más claro en qué consiste el *networking* y qué herramientas puede utilizar para potenciarlo en su empresa. ¿Habrá asimilado bien todos los conceptos?

https://redirectoronline.com/ifct028po0605

El *networking* se utiliza desde hace muchos años para **fomentar las relaciones empresariales** y conseguir que las empresas, los directivos y los emprendedores aumenten su cartera de contactos, lo que suele ocasionar nuevas oportunidades profesionales.

Existen diversas formas de realizar *networking* de manera profesional, como son el ***networking*** **estratégico** y el **operacional.** Y puede realizarse en eventos físicos –charlas, conferencias, congresos– o a través de internet, fundamentalmente mediante las redes sociales o el correo electrónico.

A la hora de desarrollar acciones de *networking* en el ámbito digital es preciso trazar una estrategia adecuada, planificando con antelación las acciones a realizar y teniendo un seguimiento adecuado de las mismas.

Las empresas tienen a su alcance diversas redes sociales para hacer *networking,* aunque lo recomendable es utilizar únicamente las redes sociales de marcado carácter profesional.

7. Resumen

El *networking,* en el ámbito laboral, consiste en realizar diversas acciones mediante las cuales los profesionales y las empresas se reúnen para hablar, debatir o estrechar lazos profesionales. Gracias al *networking* pueden crearse oportunidades de negocio, de mejora profesional, compartir información de interés y conseguir clientes o aliados empresariales. Fundamentalmente, existen dos tipos de *networking* profesional: estratégico y operacional.

Una buena herramienta para hacer *networking* son las redes sociales profesionales, que se enfocan casi totalmente al ámbito empresarial o comercial. Se trata de redes sociales en las que es posible conectar con otros profesionales, facilitando negocios entre empresas, inversores o aliados empresariales. La red social más utilizada en este ámbito es *LinkedIn*, aunque existen otras como las siguientes:

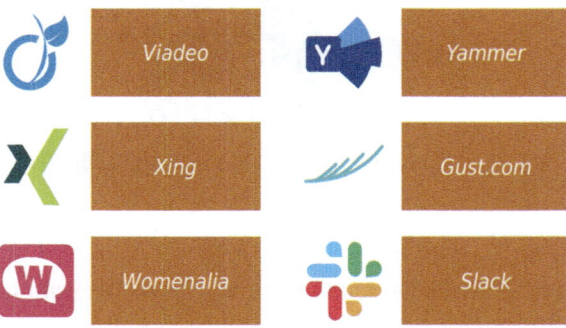

Ejercicios de autoevaluación
Unidad de Aprendizaje 6

1. ¿Qué pueden conseguir las empresas y los trabajadores a través del *networking?*

a. Crear y desarrollar oportunidades de negocio, compartir información de valor y captar posibles clientes o aliados empresariales.
b. Captar más clientes y conseguir nuevas inversiones.
c. Mejorar su imagen de marca.
d. Mejorar su posicionamiento SEO, compartir información de valor y captar nuevos aliados empresariales.

2. Indica si la siguiente afirmación es verdadera o falsa: Una de las razones del auge del *networking* **es la crisis de credibilidad de la publicidad.**

- Verdadero
- Falso

3. En el ámbito *online,* **¿cómo puede hacerse** *networking?*

a. Mediante redes sociales, acciones de *e-commerce o correos electrónicos.*
b. No puede hacerse *networking online.*
c. Atrayendo tráfico de calidad a una página web mediante artículos en un *blog.*
d. A través de videoconferencias, correo electrónico, redes sociales o aplicaciones de mensajería instantánea.

4. El *networking* **es una acción exclusiva de empresarios o emprendedores.**

a. No, los trabajadores también pueden hacer *networking* para mejorar sus conocimientos, sus relaciones profesionales o incluso optar a una mejora laboral.
b. Sí, y es una gran oportunidad solo para ellos.
c. No, es una acción exclusiva para empresas.
d. Sí, aunque no se trata de una acción rentable.

5. ¿Qué es *Tinder*?

    a. Una red social profesional.
    b. Una red social para buscar pareja.
    c. Una red social de amistad.
    d. Una red social para hacer *networking.*

6. ¿Cuál es la mayor red social de ámbito profesional del mundo?

    a. *LinkedIn*
    b. *Xing*
    c. *Badoo*
    d. *Facebook*

7. ¿Cuál es el principal público objetivo de *Womenalia*?

    a. Emprendedores y autónomos.
    b. Mujeres empresarias.
    c. Jóvenes empresarios.
    d. Directivos de multinacionales.

8. ¿Para qué sirve, fundamentalmente, *Yammer*?

    a. Para potenciar el trabajo en equipo dentro de una misma empresa.
    b. Para agilizar las relaciones con los clientes de una empresa.
    c. Para fomentar el *marketing empresarial.*
    d. Para hacer videoconferencias y potenciar el *networking empresarial.*

9. ¿Qué son los agregadores de contenidos?

    a. Aplicaciones que permiten a los usuarios agrupar sus acciones digitales y compartir sus contenidos en una sola página web.
    b. Aplicaciones que permiten a los usuarios agrupar todas sus redes sociales de amistad en una sola URL.
    c. Son profesionales dedicados a escribir contenido de calidad para los *blogs* y las páginas web de las empresas.
    d. Aplicaciones que permiten a las empresas agrupar sus páginas web y *blogs*, y compartir contenidos en sus redes sociales.

10. ¿Qué ocurrió para que dejasen de usarse masivamente los agregadores de contenidos?

      a. La explosión de las redes sociales.
      b. El auge del *marketing online*.
      c. El auge del *e-mail marketing*.
      d. Que los buscadores de internet comenzaron a penalizar estas herramientas.

Glosario

Analítica web
Sistema de medición de datos de tráfico de una web o blog, mediante el que se pueden tomar las mejores decisiones y optimizar los objetivos de la empresa.

Blog
Sitio web similar a una página web, que puede ser de contenido más personal, divulgativo o desenfadado; y por otro lado, también se puede usar a nivel profesional por las empresas para difundir sus novedades, productos, servicios, consejos y otros contenidos de interés para sus clientes, actuales y potenciales.

Buscador
Es una página web en la que el usuario puede buscar páginas web sobre un contenido de su interés. Para realizar la consulta, se basa en las palabras clave o términos introducidos para la búsqueda.

E-commerce
Es una forma de comprar y/o vender productos, bienes o servicios haciendo uso de internet como canal de compraventa.

E-mail marketing
Estrategia de captación y fidelización de clientes mediante el envío de correos electrónicos comerciales o informativos.

Facebook
Red social que permite conectarnos con otros usuarios y también con marcas, empresas y organizaciones.

Google Analytics
Herramienta que permite a los usuarios medir el retorno de la inversión publicitaria en redes sociales y buscadores, además de supervisar el con-

tenido *Flash* y de vídeo, las aplicaciones y el rendimiento de una página web.

Imagen de perfil
Fotografía que representa a los usuarios de las redes sociales y que aparece junto a su nombre de usuario cada vez que comparten un contenido.

Influencer
En *marketing online,* usuario con una alta capacidad para enviar mensajes virales y compartir contenidos con un elevado número de usuarios.

Interacción
Actuación de los usuarios que se mantienen activos realizando comentarios, dando opiniones o compartiendo contenidos en las redes sociales y blogs.

Internet de las cosas
Este término se refiere a la interconexión de objetos que utilizamos en el día a día con internet.

Keywords
Son las palabras clave de un mensaje o texto.

Lead
Se trata de datos que dejan los usuarios en una página web, normalmente una serie de datos personales (correo electrónico, nombre, ciudad...) al rellenar un formulario de contacto.

Marketing de afiliados
Estrategia que consiste, básicamente, en tejer una red de "aliados" –los afiliados– que hagan publicidad de un negocio.

Marketing online
Conjunto de técnicas y estrategias de *marketing* que se llevan a cabo en el medio *online* y mediante técnicas de comunicación 2.0.

Marketing
Acción promocional enfocada a potenciar el intercambio de bienes y servicios entre un mínimo de dos personas, consiguiéndose así un beneficio mutuo para ambas partes.

Memoria USB
Dispositivo informático de almacenamiento de datos que sirve para intercambiar archivos entre varios dispositivos: teléfonos móviles, ordenadores, *tablets,* etc.

Posicionamiento SEM

Estrategia de *marketing* digital enfocada a mejorar la posición de un sitio web en las plataformas publicitarias de los motores de búsqueda y las redes sociales. Funciona como una suerte de puja: cuanto más paga una empresa por aparecer en la primera posición con unas palabras clave determinadas, más posibilidades tiene de conseguirlo.

Posicionamiento SEO

Estrategia de *marketing* digital enfocada a mejorar la posición de un sitio web en los motores de búsqueda, sin invertir dinero en publicidad. Está basado en la indexación del contenido de los sitios web que realizan los motores de búsqueda mediante sus robots de búsqueda y análisis de webs, también denominados "arañas". Se trata del lugar que ocupa un sitio web en los resultados de búsqueda orgánica –gratuita– en los motores de búsqueda como *Google*. En él influyen múltiples aspectos: diseño y usabilidad web, difusión de la web, contenidos, estructura, etc.

Segmentar

En *marketing online,* es la acción por la que se dirige una campaña de publicidad a un grupo de personas con un perfil determinado. Las empresas usan la segmentación para aumentar la efectividad de la publicación entre su público objetivo.

Tasa de conversión

Porcentaje de acciones que llevan a cabo los usuarios de un sitio web en función del número de visitas de dicho sitio web. Se calcula así: Acciones realizadas / Número de visitas = Tasa de conversión

Tasa de rebote

Porcentaje de usuarios que abandona una web sin interactuar con ella, es decir, sin hacer clic en ninguna llamada a la acción.

Tráfico cualificado

Aquellos usuarios que están realmente interesados en un producto o servicio, bien sea porque su historial de búsqueda así lo demuestra o porque han hecho clic por sí mismos en un anuncio visto en internet.

Tráfico web

Son las visitas que obtiene una página web. Se puede diferenciar entre número de visitas, de visitantes únicos y de páginas vistas.

Videoconferencia

Comunicación bidireccional simultánea de audio y vídeo entre dos o más personas.

Web corporativa

Herramienta que sirve a las empresas para promocionar su imagen de marca en el mercado a través de internet.

Webmail

Cliente de correo electrónico que provee a los usuarios de una interfaz en entorno web, a través de la que pueden crear y gestionar cuentas de correo electrónico.

Bibliografía

Monografías

→ DE SALAS Nestares, M. I.: *La comunicación empresarial a través de Internet.* Valencia: Universidad Cardenal Herrera, CEU, 2002.

> Este libro es una guía básica de comunicación empresarial en el ámbito *online*.

→ QUINTAS, C.: *El libro del networking*. [s.l.]: Editorial Alienta, 2017.

> Este libro ofrece las pautas a seguir para desarrollar y consolidar buenas relaciones sociales y con ello enriquecerte tanto a nivel emocional como económico.

Textos electrónicos, bases de datos y programas informáticos

→ 15 herramientas para establecer una buena comunicación interna en tu empresa. Disponible en: <mariamelchor.com>.

> Interesante post con herramientas y consejos para mejorar la comunicación dentro de una empresa.

→ Cómo usar *LinkedIn* para hacer *networking* y lograr contactos valiosos. Disponible en: <vilmanunez.com>.

> En este artículo el alumno encontrará una amplia guía sobre cómo usar *LinkedIn* para hacer *networking*, desarrollada por la experta en *marketing* Vilma Núñez.

→ ¿Qué es el *networking* y para qué sirve? Disponible en: <blog.infoempleo.com>.

> Interesante guía sobre cómo hacer *networking* en el ámbito emprendedor y empresarial.

→ Sorprendentes Estadísticas y Datos de *LinkedIn* 2025. Disponible en: <https://kinsta.com/es/blog/estadisticas-de-linkedin/>.

> Interesante artículo en el que se pueden ver distintas estadísticas del año 2025 en referencia a *LinkedIn*.